RECETTES POLITIQUES.

IMPRIMERIE DE H. FOURNIER ET COMP.,
RUE DE SEINE, N. 14, BIS.

RECETTES

POLITIQUES,

PAR

M. ALEXIS DUMESNIL.

PARIS,

LIBRAIRIE DE H. FOURNIER JEUNE,

26, RUE DES PETITS-AUGUSTINS.

1837.

LIVRE PREMIER.

RECETTES
POLITIQUES.

LIVRE I.

HAUTES RECETTES.

CHAPITRE PREMIER.

Recette des Gouvernemens à bail.

Pour nous qui, depuis un demi-siècle bientôt, avons passé bail à trente gouvernemens divers, sans parler de ceux qui pourront encore recevoir congé, nous devons savoir au plus juste de quelle manière ils s'établissent, et comment ils délogent après avoir fait de mauvaises affaires. Chaque pouvoir nouveau, se rendant toujours, comme de raison, à nos vœux empressés, use à peu près des mêmes moyens et prend la même allure pour arriver à son but. C'est une vivante personnification de l'ordre social, qui ne parle que la main sur le cœur et les larmes aux yeux, une seconde Providence qui dépasse tous nos désirs, descend à nos moindres caprices, et ne manque jamais de nous promettre, comme denier à Dieu, une ère nouvelle de progrès et de félicité publique. Il est vrai de dire que nous lui apportons, en échange, les clés de nos palais et de nos châteaux, que nous lui remettons surtout la clé du trésor, la première dont on se saisit et la dernière que l'on abandonne. Et vous voyez ce bienheureux pouvoir, un peu plus sûr de son fait, renouveler alors les courtisans et le mobilier, changer de tentures et de ministres, badigeonner les murs et les institutions, porter enfin la main sur tout.

Eh! messieurs de la pourpre, faites-nous grâce de vos embellissemens, et payez un peu mieux votre loyer. Votre loyer! à vous pouvoir, c'est de tenir vos sermens et vos promesses, de donner, le premier, l'exemple du respect que l'on doit aux lois, de diminuer les charges publiques et d'améliorer la condition du pauvre; c'est de maintenir les bonnes mœurs, faire fleurir la justice, chasser les intrigans, les traîtres, les renégats. Combien, à ce compte, trouvez-vous de gouvernemens qui aient payé leur loyer?

Ils ont beau nous envoyer force saluts et faire la première révérence, nous convier au bal et au festin, tout cela n'est que fausse monnaie et ne vaut pas quittance. Malgré ces petits soins et ces attentions délicates, ils peuvent encore perdre leur crédit et déménager avant le terme. Ce n'est pas de nos jours seulement que le pouvoir se fait humble et gracieux, court la ville à pied, désire et recherche les sobriquets populaires; Louis XI ne rendait-il pas en bon bourgeois des visites, et n'appelait-on pas

Louis XIV le MONARQUE CITOYEN (1)? Mais le moyen est maintenant usé; ce sont des artifices inutiles, des avances perdues. Aussi ne vous flattez pas que le pouvoir cherche à rester long-temps en coquetterie avec la nation; la lune de miel une fois passée, c'est pour lui chose toute simple de trancher du maître, et de faire, comme on dit, de la force. Sa parole devient de jour en jour plus hautaine, il prend goût à la menace, vante avec emportement sa modération, et ne parle qu'entre deux colères des inexprimables bienfaits de l'ordre public. Vous apprendrez de sa bouche qu'il vous a

---

(1) Monarque citoyen, et modeste vainqueur,
L'humanité sacrée habite dans son cœur.

Prologue de *Persée*, tragédie donnée à Versailles le 1er mars 1747.

sauvés, vous saurez tout ce qu'il a fait pour vous, pour la patrie : sans lui la mer ne baignerait plus nos côtes, le soleil ne mûrirait plus nos moissons. Pesez donc bien votre bonheur, remerciez la Providence, et obéissez aveuglément; car c'est le grand refrain de la politique, et ce que nos gouvernemens à bail sont convenus d'appeler prudence et fermeté.

Et cependant la nécessité de quelque autre remède ne tarde guère à prouver l'impuissance de leurs vieilles recettes, et l'ineptie d'une politique empirique. Il faut dès lors étendre à grands frais l'espionnage, dresser partout des embûches, multiplier les prisons, élargir le prétoire, réparer les bastilles et construire de nouvelles citadelles; il faut que le pouvoir lui-même, enfermé comme dans un camp, ne sorte plus qu'à la tête d'une armée, ne se montre que pour livrer bataille, pour mitrailler la foule au milieu des rues, et prendre les citoyens d'assaut jusque dans leurs maisons. Et lorsqu'il a tout passé au fil de l'épée, tout mis à feu et à sang, c'est encore peu pour l'exemple s'il ne fait tomber force têtes sur les échafauds. On dispense ainsi des couronnes de martyrs, on donne au courage l'émulation des supplices, et de recette en recette on arrive au régime de la terreur.

Mais les gouvernemens font toujours un mauvais calcul, ils ne s'acquittent non plus de leur dette par le meurtre et l'assassinat que par des poignées de main; et le véritable propriétaire, le peuple, soit dit en bon français, usant de son droit imprescriptible, fait bientôt justice de l'imposture aux abois. Il n'est point de recette contre l'indignation des peuples ; le pouvoir qui se parjure n'a qu'un certain nombre d'attentats à commettre.

CHAPITRE II.

Comment une nation concourt par la perte de ses mœurs à appuyer les recettes du pouvoir.

Il est impossible, pour qui veut être juste, d'envisager les choses sous un seul point de vue, et, tandis que de si misérables et si funestes doctrines tourmentent la société, de ne départir qu'aux gouvernemens le blâme et l'indignation. Ils sont, à la vérité, cruels, altiers, perfides, insatiables : valons-nous donc beaucoup mieux ? Le pouvoir trouve sans doute en lui-même de grandes ressources pour augmenter le mal; mais, quelle que soit d'ailleurs la force de son levier, que ferait-il sans le point d'appui que nous lui prêtons? C'est avec notre corruption qu'il nous mène où il veut, qu'il nous abuse et nous déshonore; c'est sur nos propres vices qu'il fonde toutes les chances de son despotisme. Voilà d'où viennent, il faut le dire, tant de mécomptes et de déceptions, tant de folles espérances qui ne se réaliseront jamais. Chaque gouvernement nouveau vit sur une erreur nouvelle, et n'a besoin pour s'établir que de nous intéresser d'abord au mensonge. Qu'il s'attache à bien connaître quels sont les désirs de l'époque, qu'il excite et propage la passion dominante, et je lui réponds du succès aussi long-temps que durera notre ivresse. L'un nous prendra par l'amour de la liberté, l'autre par l'amour de la gloire; celui-là recourra aux petites dévotions, celui-ci à de vils intérêts de fortune; en sorte que le pouvoir, pour maintenir ce qu'il appelle son système, c'est-à-dire l'exploitation savante de nos vices, n'a guère que la peine de mettre en jeu notre avarice ou notre vanité, notre hypocrisie religieuse ou notre hypocrisie politique, la peur même et la lâcheté.

Dans les gouvernemens à bail, c'est la grande recette d'étouffer la conscience et la pudeur publique, pour donner ensuite au pouvoir la faculté de faire représenter toutes les mauvaises passions dont il croit avoir besoin. Point de ménagement, messieurs les ministres, flétrissez partout où il se trouve l'homme de caractère; travaillez sans relâche à ruiner l'honneur et la vertu, qui ne seraient qu'un sujet d'embarras : réglez là-dessus nos droits civiques, dressez en conséquence vos listes électorales, et puis ouvrez hardiment l'urne aux votans. Elle vous donnera d'habiles industriels, de grands et profonds philosophes, des amis à l'heure et des poltrons à tous prix; peut-être même sera-t-elle capable, si on le lui demande, d'envoyer de vrais patriotes. Mais il ne faudrait rien moins qu'un ordre exprès et en bonne forme pour décider le vote de ces honorables citoyens, que depuis si long-temps on habitue à ne tenir compte que de la fortune et à n'estimer que de honteux succès.

Et que sera-ce donc, si jamais on en vient à jeter dans les colléges électoraux ces faciles et débonnaires jurés qui ne savent plus s'indigner de rien, ces hommes complaisans qui trouvent des excuses à tous les crimes, se prêtent à tous les mensonges, et ne craignent point de renouveler dans toute son impudence la fraude des restrictions mentales? Le moment n'est-il pas, en effet, admirablement choisi pour faire parade d'une sotte et aveugle indulgence? N'est-ce pas bien le cas de désarmer la justice, lorsque nous voyons de toutes parts les crimes se multiplier d'une manière si effrayante? Épargnez, sensibles jurés, je vous le conseille, de vils assassins qui ne cessent de porter à la société un horrible défi, épargnez des scélérats qui, toujours le poignard levé et les mains dans le sang, prétendent avoir seuls la vie sauve. A vous l'épouvante et la mort! à eux l'impunité!

Or, à côté de cette plèbe votante ou jugeante dont nous déplorons chaque jour les bévues et le triste égarement, viennent se placer en leur ordre de corruption des sectes nouvelles qui fondent sur une brutale attaque aux mœurs tout le mérite de leurs doctrines. Bien que ceux qui en font partie se donnent effrontément pour les inévitables apôtres du progrès, nous n'hésitons point à découvrir la bassesse de leurs desseins et le double rôle qu'ils prétendent jouer dans nos affaires politiques. L'homme qui s'engage dans une propagande de corruption appartient de droit à tous les gouvernemens qui voudront s'appuyer sur la corruption. Laissez tous ces spéculateurs de scandale rompre avec la société et crier à la tyrannie, ils le font à bonnes enseignes et n'attendent que le moment où l'on daignera prendre en considération leur cynique audace, et mettre en œuvre leurs inclinations perverses. Le pouvoir puise indifféremment dans ces sectes et dans les bagnes, et tire des entrailles mêmes d'une nation pourrie cette force secrète qu'il emploie ensuite à la subjuguer.

Et dans ce grand mouvement de cupidité, qui est à bien dire le seul mouvement social de notre époque, pensez-vous que l'innombrable troupeau des hommes de lettres veuille rester en arrière des autres brocanteurs de turpitudes? Oh! non sans doute, leur concurrence et leur rivalité sont bien connues. Vous les verrez, comme tous ces fiers apôtres de la religion *humanitaire*, lorsque leur frénétique orgueil se lasse de répandre son venin, s'humilier aux pieds du pouvoir et lui offrir le vénal appui d'une plume encore toute souillée de profanations. Tel est le caractère de nos industriels de l'écritoire, de cet essaim bourdonnant de publicistes *viveurs*, où va se recruter le journalisme apostat, et s'achever le grand œuvre de la civilisation moderne.

N'oublions pas surtout une école qui tire son origine des jours de l'invasion, une école née de nos malheurs comme pour y mettre le comble, dont le but avoué n'est pas seulement de corrompre le goût, mais de pervertir tous les sentimens d'honneur et de patriotisme. Sa tactique, ou sa doctrine, consiste à se mettre si bien à la place du passé, qu'il n'en reste ni un seul précepte ni une seule gloire, à n'épargner non plus l'ordre social que les lettres, à déverser également le mépris sur tout ce qui est tradition ou expérience, pour se jeter dans des voies inconnues et dans un avenir sans frein. Le *romantisme* ne se borne pas à défigurer les arts et le théâtre par ses impertinens chefs-d'œuvre; il introduit jusque dans la philosophie le cynisme de sa fatuité, il monte en chaire avec le prédicateur à la mode, se glisse dans les rêves du publiciste, pénètre au milieu des débats parlementaires, afflige le magistrat, trouble la conscience du juré, et dicte trop souvent les arrêts de la justice.

On sent maintenant de quelle importance est le *romantisme*, cette secte odieuse, si habile à détruire les mœurs nationales, et le parti qu'en doit tirer une politique chancelante qui se cramponne à toutes les corruptions. Les contempteurs de la France n'ont plus rien à refuser au pouvoir; il taille depuis long-temps leurs plumes officieuses, et fait parler à son gré les oracles de la littérature. N'avez-vous donc pas vu ces mêmes écrivains, qui gagnaient des croix et des pensions au service de la restauration, rajuster de leur mieux contre son *esprit rétrograde* leurs hémistiches, leurs drames, ou leur prose de commande? ne les avez-vous pas vus, pour donner plus d'éclat à leur conversion révolutionnaire, pousser jusqu'à la calomnie les flétrissures qu'ils prétendaient imprimer au front des prêtres et des rois? Cette race paperassière et servile, travaillant au progrès sur tous les tons, peut vous dire ce que rapportent tour à tour et les vers contre Bonaparte et les vers contre les Bourbons, la politique d'auto-da-fé et les homélies à la Marat, les boutades d'athéisme et les méditations religieuses. Nos poètes, je pense, ne se seront pas plus mal trouvés de leur variable et fertile verve, que M. Cousin de son abnégation philosophique, et M. Appert de sa constante philantropie;

c'est ce que l'on appelle aujourd'hui se faire une position.

En considérant la politique de ceux qui doivent leur élévation au triomphe des partis, nous avons appris à nos propres dépens, non seulement où réside le point d'appui, mais l'apprentissage même du despotisme. Nul doute que les habiles n'emploient dans l'exercice du pouvoir les mêmes recettes de corruption dont ils s'étaient servis pour y arriver; ils n'ont plus qu'à tourner maintenant contre la patrie leur vieille expérience des complots et des trahisons.

CHAPITRE III.

De l'application des recettes politiques.

Que tout le monde sache bien qu'il ne peut y avoir de succès maintenant que pour ceux qui se font un peu plus scélérats que les autres. Quel que soit d'ailleurs le nombre des concurrens, la recette me semble excellente si l'on règle à bonnes doses l'infamie. Comptez sur la fourbe, croyez aux miracles de la bassesse; voilà la foi qui déplace aujourd'hui les montagnes. Lorsque les opinions ne sont plus que la manière de jouer une partie, il faut bien que le pouvoir s'adresse de préférence à ceux qui ont le mieux entendu l'art de trahir et d'apostasier. Il tient bon et fidèle registre de leurs lâchetés, et ne fait que balancer le mérite de cette volée d'habiles qui, passant continuellement d'un régime à l'autre, croissent et fleurissent sous toutes les latitudes de l'opprobre.

Courage, vous qui prétendez devenir grands à votre tour, vous qui sans doute effacerez ces illustres citoyens que réclame le Panthéon depuis qu'il n'y a plus de gémonies! Courage, hommes de rare et sublime doctrine! vendez vos amis, vendez vos maîtres, vendez la France entière; versez du sang sur du sang: un coup de poignard à droite, un coup de massue à gauche, n'est-ce pas le moyen d'être juste pour tout le monde? Que votre noble ardeur ne se ralentisse point en si belle route, et vous pourrez bientôt voir sur quelque arc-de-triomphe figurer vos noms en lettres d'or parmi les autres sauveurs de la patrie.

Cependant gardez-vous que la nation désabusée n'abandonne les autels de l'industrialisme et ne coure à d'autres dieux! Ménagez bien cette haute opinion qu'elle a d'elle-même et de ses lumières, cette idée fixe du progrès que doivent sans cesse caresser les souples courtisans de sa vanité! Tant que l'on prétendra faire de la raison même un privilége d'époque, tant que l'on donnera aux incohérentes pensées de la jeunesse le droit de flétrir les sages conseils de l'expérience, tant que l'on tiendra à honneur cette abominable doctrine du matérialisme qui dessèche tous les sentimens, il vous sera permis d'espérer encore des succès et des triomphes, vous qui n'êtes aujourd'hui quelque chose en France, que parce que l'on n'y compte pour rien le mérite et la vertu. Ce complot contre toute grandeur et toute véritable gloire montre que vous savez du moins vous rendre justice; répandez à pleines mains la corruption et la bassesse, il n'y a qu'une nation avilie qui puisse consentir à vous servir de piédestal.

CHAPITRE IV.

Comment les mêmes recettes peuvent servir à tout.

Il ne s'agit, en effet, pour ceux qui se sont élevés au premier rang par l'intrigue et la fourberie, que de savoir retourner à propos leur recette. Comme elle consistait à tout blâmer, même le bien dont on ne pouvait nier l'évidence, ils doivent maintenant user de toutes les prescriptions de la mauvaise foi pour étouffer nos plaintes et empêcher la vérité de se faire jour. Une fois maîtres des affaires, ils se hâteront de substituer à leur système de dénigrement l'empirisme des louanges que l'on se donne à soi-même, et ils établiront leur infaillibilité politique sur ces mêmes doctrines de servitude qu'ils tenaient naguère pour fausses et détestables. Les impôts leur semblaient-ils exorbitans? ils croiront devoir les augmenter encore, pour notre propre bonheur et pour la plus grande gloire de la France. Réclamaient-ils avec larmes l'éducation du peuple? c'est à qui maintenant le privera d'un livre ou lui fermera une école. Que n'ont-ils pas dit, sous la restauration, de notre honte et de notre avilissement? Aussi, voyez comme nous sommes aujourd'hui respectés en Europe ! La France ne reçoit pas un soufflet, que son ambassadeur ne soit aussitôt admis à tendre l'autre joue; la sainte-alliance ne nous crache plus au nez, qu'elle n'y ajoute en même temps la permission de nous essuyer. Et cette liberté si chère aux tribuns des quinze ans, cette liberté qui devait être pour tous un remède souverain, quand plaira-t-il à nos redresseurs de torts d'en faire jouir la nation? Ils nous la montrent sans cesse, mais de loin; ils nous la présentent, comme font les escamoteurs, entre le pouce et l'index, en disant au public: Tenez, regardez bien, mais n'y touchez pas. Or c'est là du plus fin magnétisme, c'est de l'homéopathie toute pure; ils nous donnent la liberté à une dose qui convient au plus faible estomac de prince et ne troublerait même pas la digestion du Grand-Seigneur.

CHAPITRE V.

Qu'il faut chercher un enseignement dans le spectacle même de notre honte.

Il y a des gouvernemens, j'en conviens, qui sont obligés de recourir sans cesse à de nouvelles formules de violence, des gouvernemens qui doivent toujours étendre plus loin le cercle de l'injustice et de la corruption. Que si l'on ne peut en inférer que le pouvoir soit de sa nature méchant et corrupteur, du moins faut-il avouer qu'il manque rarement de le devenir entre les mains des factions. Toute politique qui blesse les meilleurs citoyens doit non-seulement appeler à son aide la ruse et la séduction, mais persécuter encore ceux que l'on ne peut acheter ou corrompre. A la vérité, nos gouvernemens ne se sont guère trouvés jusqu'ici dans le cas de punir de semblables résistances; trop peu de gens parmi nous veulent encourir le reproche d'être restés fidèles à l'honneur. Cette recette, qui en valait bien une autre, n'est plus maintenant de saison. Que nous importent les vieilles doctrines du passé, ces malencontreuses prescriptions qui faisaient autrefois le patriote et l'honnête homme? Notre siècle aime mieux savoir par quel infame secret on arrive à la fortune. Eh bien!

qu'il en contemple donc les routes odieuses, qu'il examine tous les ressorts que font mouvoir notre bassesse et notre cupidité, qu'il plonge au fond de toutes nos misères, et peut-être rougira-t-il lui-même de ce que coûte à la France la honte de ses enfans!

LIVRE DEUXIÈME.

LIVRE II.

RECETTES GÉNÉRALES.

CHAPITRE PREMIER.

Vertu spécifique de ce que nous appelons Sociétés.

Vous trouveriez difficilement en France un soi-disant politique qui n'ait pas eu déjà l'idée de faire son dix-huit brumaire, qui ne s'imagine porter un jour plus haut que Danton ou Mirabeau sa tête de tribun, et n'essaie d'égaler, en attendant, les plus riches usuriers de la Chaussée d'Antin. Rien de plus facile à rêver sans doute, pour peu que nous sentions vibrer dans notre ame libérale la corde de l'égoïsme, si terriblement tendue maintenant; mais les bons billets ne sortent pas pour tout le monde, et de là vient que la foule de ceux qui sont en voie de devenir grands hommes a fort heureusement imaginé de mettre en commun son mérite, et de se cotiser pour faire œuvre de génie. Quelque nom qu'elles prennent, les sociétés n'ont pas aujourd'hui d'autre but; c'est d'ailleurs la grande fabrique des réputations; on y donne du courage à ceux qui en manquent, et de l'esprit à ceux qui n'en ont point. Ce que chacun de nous, disent les bonnes têtes du troupeau, ne saurait entreprendre seul sans mécompte, nous deviendra facile et tout-à-fait aisé, lorsque, réunis ensemble, nous marcherons du même pas; réglons là-dessus nos espérances, et partageons en bons amis.

Il y a des termes rouflans, tels que *philantropie*, *progrès des lumières*, *civilisation*, *perfectibilité*, qui charment le public et font enseigne; or, en attendant que la gloire vienne, ces mots adroitement semés doivent rapporter de beaux et solides écus. Non-seulement les habiles auront soin de s'en servir, mais ils déploieront encore les ressources de quelque paradoxe nouveau, ils mettront à la mode, par exemple, le cosmopolitisme ou l'abolition de la peine de mort, et, sous cette espèce de couverture, chacun travaillera de son mieux à exploiter le fonds social.

Si nous sommes obligés de reconnaître dans l'esprit d'association un instinct sacré, une force mystérieuse et divine, qui, perfectionnant l'homme, lui donne seule les moyens de remplir sa haute destinée, nous n'en flétrirons que plus hautement ces confréries industrielles qui, sous des titres pompeux et toujours menteurs, ne tendent qu'à diviser par de misérables intérêts la grande famille nationale. Ce sont dans les États en décadence autant de foyers de corruption, d'où se répandent les haines et les fureurs aveugles, le mépris de la règle et du devoir, et partout cette lave dévorante des mauvaises mœurs qui consume les empires. Là, vous apercevez, au-dessous d'une légère écorce d'ordre social, l'abîme prêt à vous engloutir, ce gouffre que creusent sans cesse des hommes infatués de toutes les perversités. Les uns, pour quelque argent, se feront un horrible plaisir de charger la mine et d'y mettre le feu, tandis que les autres, pleins d'une lâche ambition, voudront être lancés au pouvoir sur les éclats de la foudre qui frappe leur malheureuse patrie. On ne cherche plus de notre temps à édifier, mais à détruire; on se jette pêle-mêle au milieu de la foule avide, on prend au hasard la livrée de quelque société, et l'on arrive enfin, par l'intrigue et la bassesse, où le génie seul portait nos grands hommes.

CHAPITRE II.

Manière de se servir des Sociétés.

Quel homme, assez ennemi de lui-même, oserait prendre à la lettre un seul programme des mille sociétés perfectionnantes qui exploitent aujourd'hui la France, et s'imaginerait que, pour entrer dans ces corps savans, on soit réellement obligé de savoir quelque chose. Autant vaudrait croire à la nécessité de faire ses preuves de foi chez l'abbé Châtel, ou de patriotisme à l'hôtel Talleyrand. On se dit entre confrères le fin mot, on prend le bon ton du siècle, et ce n'est assurément pas au ridicule d'aimer la science pour elle-même que l'on doit s'exposer maintenant. Qu'il vous suffise, au reste, de savoir que, la carte d'électeur ou un passeport à la main, vous pouvez hardiment vous présenter chez tous les secrétaires perpétuels, et faire mettre votre nom à la tête de toutes les sociétés. Encore sont-ils capables de vous inscrire d'office, ce que vous apprendrez bientôt par la première quittance qui suivra votre élection. Les diplômes d'ordinaire accompagnent les *prospectus*, et pleuvent à domicile comme croix d'honneur et invitations de bal.

Vous êtes donc libre de choisir, et rien ne vous empêche, au lieu de tourner vos spéculations du côté de la statistique, du système pénitentiaire ou de l'enseignement mutuel, de donner la préférence à la Société de la morale chrétienne. Mais, pour peu qu'il vous reste, soit dit entre nous, quelque croyance religieuse, évitez de laisser pénétrer sur ce point vos sentimens; il vous suffirait d'avoir gros de foi comme un grain de senevé pour vous couvrir de honte et compromettre votre avenir. Examinez quelles sont les opinions en faveur, pliez-y votre esprit, et faites-vous d'abord des guides et des patrons. On a long-temps parlé de doctrine relâchée, de directeurs faciles et de dévotion commode; or, je doute qu'il se trouve jamais une morale plus commode que ne l'est celle de la société dite de la morale chrétienne. Il n'y a que son titre d'effrayant, le reste est en progrès et parfaitement conforme à l'humeur du siècle. Soyez panthéiste, athée, matérialiste, croyez à Dieu ou n'y croyez pas, que lui importe? La Société ne se charge non plus de redresser l'impie dans ses voies, que le prêteur à usure ou le magistrat prévaricateur; elle excuse tous les désordres et ferme les yeux sur toutes les lâchetés. Enfin vous trouverez réunies dans son sein ce que l'on appelle en style doctrinaire *nuances politiques*, c'est-à-dire des hommes salis à divers degrés, qui tous ont fait main-basse sur la fortune publique, et ne diffèrent que de couches de honte et d'ignominie. Cette grande famille forme ligue et sait si bien arriver à son but, qu'il n'est Arabe ou Bedouin du désert qui ne s'accommodât de sa morale et ne prît goût à ses prescriptions.

Or, pour ne sortir point de ces titres impertinemment religieux dont se masque l'industrialisme politique, nous irons droit à une autre société que ses travaux et ses triomphes ont également rendue fameuse. On ne peut oublier la Société *Aide-toi, le Ciel t'aidera*, qui a si bien justifié son titre, ou plutôt la devise qu'elle avait adoptée. Quoique bon nombre d'honnêtes gens s'en soient retirés tout meurtris, je pense néanmoins qu'il n'y eut jamais de meilleure recette que la sienne pour diriger à point les évènemens et préparer d'abord un brillant succès. Et ce ne sera pas, disons-le haut et clair, l'exemple de quelque esprit indocile, châtié de son opiniâtre vertu, qui viendra contredire l'heureuse expérience qu'en ont fait de véritables hommes d'État, dont la raison plus flexible et le cœur moins haut savent s'accommoder de tout. Demandez à messieurs Thiers, Barthe, Mignet, Rénouard, Mahul, louveteaux émerites du carbonarisme, comment ils se sont trouvés de la Société *Aide-toi!* Interrogez le grand pontife Guizot et tous ceux qu'il a ordonnés préfets ou conseillers d'État en bon souvenir d'une vieille camaraderie d'intrigues, et vous verrez s'ils ne s'accordent pas également à vanter les prodiges de leur recette. Il n'y a parmi eux qu'une voix sur ce point, comme il n'y eut qu'une volonté pour se saisir du pouvoir et procurer à la

France l'insigne honneur d'être sauvée par les doctrinaires.

Et cependant on sait encore ce qu'il faut attendre des états-majors de salon et des thés politiques, de quelque déjeuner hebdomadaire ou du plus mince bureau de journal, qui peut à son tour devenir l'ame d'une société. Je n'en veux pour exemple que l'entresol privilégié du *Globe*, où il suffit d'avoir taillé sa plume pour oser prétendre à toutes les faveurs. De là sont sortis, comme par enchantement, des apprentis ministres et des essaims de *capacités* politiques, dont la rapide fortune montre assez qu'il vaut mieux porter en amulette quelque hiéroglyphe de la doctrine, que d'avoir fait preuve de courage et de talent.

Grande est, en revanche, la ferveur

de la jeune secte, grande surtout sa vénération pour le Lama-Guizot, dont la vertu de puritain a été si souvent trempée à la source des intrigues et des complots. Nul doute que, pour payer un si beau zèle, la Providence n'ait elle-même laissé pénétrer dans ses conseils les élus du *Globe* et de la gouvernementabilité. Ne lisaient-ils donc pas dans l'avenir, ceux qui mettaient la couronne de Charles X au nombre des joyaux perdus, et se moquaient de la restauration sous le titre prophétique de SOIRÉES DE NEUILLY? Combien d'oracles dans le monde ont été moins clairs, et seraient plus difficiles à expliquer!

Quoi qu'il en soit de la cause apparente ou réelle qui fait mouvoir les sociétés, elles entrent nécessairement dans la recette de toute bonne politique, ne fût-ce que comme un champ fécond où l'on dépose le germe de sa pensée, ou comme la chaîne sur laquelle doit être ourdie une trame précieuse. Ainsi, pour accomplir leurs vastes desseins, Messieurs Appert et Lucas, dont les noms semblent désormais inséparables, ont dû passer par toutes les sociétés de bienfaisance et d'enseignement mutuel; ainsi Messieurs Barthe et Joseph de Mérilhou, prenant à la Société *Aide-toi* leur patriotique essor, sont venus bientôt échanger contre des portefeuilles de ministres leurs humbles et poudreux dossiers de la salle des Pas-Perdus, tandis que les de Broglie et les Guizot, vieux renards de toutes les congrégations libérales et philantropiques, pêchaient de nouvelles dignités à l'eau trouble de la *doctrine*. Et cependant nous verrons encore ces grands personnages, ces illustres citoyens dont on n'a jusqu'à présent cité que la fleur, se donner plus tard rendez-vous au palais de l'Institut, et rétablir cette classe des SCIENCES MORALES ET POLITIQUES, qui forme à bien dire le complément des autres sociétés, et comme la dernière preuve d'une rare et merveilleuse recette.

CHAPITRE III.

Admirables effets.

C'est peu d'exciter la colère d'un peuple pour le jeter dans les séditions, si l'on ne parvient à se rendre maître de son esprit ; faites-lui croire qu'il y va de son honneur de tout renverser, mais ne le laissez jamais libre de reconstruire à sa façon. Les habiles, lorsqu'ils ouvrent la carrière des révolutions, doivent en même temps se placer au bout, comme le terme glorieux où elles finissent, et ne montrer par-delà leur pouvoir que d'effroyables malheurs et un abîme sans fond. La belle chose, en effet, qu'un changement qui ne serait profitable qu'à la patrie, et dont ne pourraient avant tout s'emparer les fauteurs de désordre! Rendre les maux du peuple incurables pour s'offrir à lui comme remède, voilà le dernier degré de la science.

Or, on se demande si tant de sociétés qui couvrent la France ne sont pas du complot, et si elles n'ont pas mission d'appuyer cette manœuvre en donnant à l'esprit public toutes les pentes qu'on lui veut faire prendre? Non-seulement ces sociétés agitent le peuple pour le mettre à la merci de quelques hommes, mais elles ne tardent pas à relever de leurs propres mains les bornes qu'elles avaient abattues pour s'ouvrir un passage. Vous voyez, le lendemain d'une révolution, leurs chefs subjugués défendre insolemment ce qu'ils attaquaient encore la veille avec fureur; vous les voyez, changeant de ton et de langage, se faire tout à coup d'autres mœurs et une autre religion politique. Le secret est connu: on mesure d'avance la portée du flot révolutionnaire, et on ne lui donne tout juste que la force de caresser ceux qui l'ont soulevé. Une fois la nation parvenue au terme fatal où expire sa volonté souveraine, alors se rencontre toujours le héros obligé, l'inévitable grand homme qui doit fermer les blessures de la patrie et rétablir le cours des prospérités publiques. Déjà il tient à la main son pacte social tout signé, œuvre de réconciliation et d'amour; et, pauvre peuple que nous sommes, nous n'avons plus qu'à bénir ce nouvel envoyé de la Providence, comme disait autrefois M. de La Mennais.

En effet, toute charte nouvelle, si l'on en croit son auteur, est toujours la plus complète comme la meilleure des recettes. Rien n'y manque de ce qui doit nous guérir et sauver l'État. On ne vit jamais semblable merveille; c'est un remède souverain, c'est la véritable panacée. Que pourrions-nous redouter? le despotisme? il n'est plus possible! Les abus? on en a fait justice! l'insuffisance des lois? on y a noblement pourvu! Amis de l'ordre et de la paix publique, savourez les douceurs du repos! amis d'une sage économie, contemplez l'état prospère des finances ! industriels de la ville, industriels de la campagne, à vous tous richesses et bonheur! Fières et consolantes paroles, qui me rappellent involontairement la Société hypocratique énumérant dans son docte langage les rares vertus du SUCRE-MEXICO, *purgatif*, *dépuratif* et *prolongateur de la vie*, ou plutôt me font douter si ce n'est pas en style même de programmes politiques que le docteur Sabatier dit aux habitans des villes et des campagnes : « Venez « triompher de la fin de vos maux; les « accens de votre reconnaissance, joints « aux voix de ceux que mon SUCRE a déjà « guéris, augmenteront le bonheur de « celui qui, dès la jeunesse, s'est consacré « tout entier à la consolation, au soula-

« gement et à la guérison de l'humanité « souffrante. »

Ainsi parlent de leur dévouement et de leurs sacrifices, ainsi viennent, le remède à la main, solliciter notre reconnaissance, tous ces augustes sauveurs de la patrie, qui n'acceptent le pouvoir, disent-ils, que pour nous rendre service! Il y a des ordonnances pour tous les maux, des recettes et des formules au goût de tout le monde; mais ce ne seront pas celles du *Moniteur* assurément qu'on trouvera les moins plaisantes.

LIVRE TROISIÈME.

LIVRE III.

RECETTES PARTICULIÈRES.

CHAPITRE PREMIER.

Recette du général Lafayette.

J'excuse difficilement l'ambition d'un homme qui, n'osant se revêtir du pouvoir suprême, fait tous ses efforts pour le rendre insupportable aux autres. Quelle que soit la couleur qu'il donne à ses amères censures, le secret motif en est toujours honteux et ne saurait manquer de percer à travers les apparences mêmes d'une généreuse opposition. Il n'y a que les maux extrêmes de la patrie qui puissent honorablement allumer notre colère et rendre la vengeance légitime; toute haine qui prend sa source dans de misérables intérêts de vanité dénote une ame basse et vulgaire. Sans vouloir précisément faire l'application de ce principe au général Lafayette, nous ne craindrons cependant pas de dire qu'il n'y a dans ses recettes ni une assez grande fermeté de caractère ni une assez forte dose de droiture politique. Jaloux à l'excès de sa popularité, il courait à tout ce qui la donne; il subissait tous les engouemens, se livrait à toutes les infatuations, consultant beaucoup plus la vogue d'une opinion passagère, que les solides et véritables intérêts du peuple. De vaines clameurs ou de perfides caresses avaient trop d'empire sur son ame, et faisaient trop souvent prendre le change à ses principes.

Toutefois on peut remarquer, au travers de ces déplorables enivremens, des prescriptions et une formule politiques dont le général Lafayette ne s'est jamais départi. Il a été plus d'accord avec lui-même, et plus habile en même temps qu'on ne le croit communément. Ainsi nous l'avons vu toujours, dans l'intérêt de sa popularité, refuser d'occuper la première place, et dédaigner le rang suprême pour se créer un rôle rival d'où il pût lutter avec avantage contre le pouvoir. D'abord plein de zèle pour un concurrent, Lafayette l'élevait lui-même jusqu'aux nues et semblait s'immoler à son triomphe; mais dans le fond il gardait sa pensée, et ne faisait luire cet astre nouveau que sous la condition expresse de rester à l'horizon comme un nuage menaçant. Cette position qu'il avait prise dans les derniers temps de la vieille monarchie, ne lui fut d'aucune utilité sous l'empire; la gloire de Napoléon devint d'abord si fatale à toutes les médiocrités que l'on avait oublié jusqu'au nom même de Lafayette, lorsque les malheurs de la France permirent au vétéran des deux mondes de reparaître encore une fois sous les auspices de son ancienne recette. Suivez-le maintenant aux affaires, et saisissez bien sa tactique. L'ami de Washington ne quitte point Lagrange pour répondre au défi de l'Europe en armes, pour relever la fierté du peuple français, et lui faire prendre dans ces grandes extrémités quelque résolution plus grande encore; mais il vient accroître les embarras du gouvernement, diviser les esprits, tirailler la puissance, enchaîner et raccourcir le bras de Bonaparte, quand ce bras seul pouvait sauver l'état. On sait, du reste, combien furent utiles à la Sainte-Alliance cette jalousie et cette rancune de petit esprit.

Les Bourbons sont à peine de retour aux Tuileries, que le patriote de 89 reprend soudain ses habitudes de révolution, brave l'autorité, noue des intrigues, forme des complots dont il est encore l'ame et le héros. La foule des mécontens remplit son hôtel, et Lafayette reçoit et fait lui-même des sermens sur son buste. Et puis, à ceux qui viennent en 1830 le sommer de sa parole : « Voilà, dit-il, en leur montrant le duc « d'Orléans, voilà la meilleure des ré- « publiques ! » Mais aussitôt que la couronne de juillet se défend elle-même et peut se passer de protecteur, est-il besoin de dire que, selon sa constante formule, le général Lafayette s'attache à lui susciter des difficultés, lève son étendard, et cherche de nouveau un appui dans le peuple. Comme autrefois il a recours aux professions de foi, et compte encore sur un banquet, sur un enterrement, pour réveiller l'opinion publique et changer les destinées de la France.

Or, ces continuelles alternatives d'acquiescement et de révolte, de faiblesse et de fermeté, devaient durer autant que sa vie, et n'ont servi qu'à rendre sa vertu équivoque et malencontreuse. On serait volontiers tenté de croire que, dans l'impuissance de signer avec la nation son pacte social, Lafayette ne pouvait souffrir qu'elle déférât à d'autres cet honneur; tel un malheureux gardien du sérail, voulant cacher sous des prétextes de vertu le fatal secret de sa continence, tiendrait pour lâche et criminel quiconque aurait le tort d'être plus heureux que lui.

CHAPITRE II.

Apprenez par un seul à les juger tous.

Nul ne se peut vanter de savoir mieux que nos vieilles moustaches parlementaires le secret des bonnes formules et les rubriques du régime constitutionnel. Que d'adresse pour écarter les moindres défiances! Que de roueries et d'intrigues pour obtenir la pratique d'un collége électoral! Combien de modestes candidats n'ont pas fait eux-mêmes leur flatteuse annonce dans les journaux?

Combien de farouches tribuns ne se sont pas réciproquement signé des certificats de patriotisme? Et lorsque la liste des habiles était épuisée, ne se croyaient-ils pas encore obligés d'informer la France qu'il ne lui restait à choisir qu'entre leurs proches et leurs amis? Qui n'a pas ouï parler enfin de ces complaisantes circulaires expédiées sous les noms de Manuel, Benjamin Constant, Lafayette, tantôt pour recommander à la capitale d'autres grands hommes, comme Gérard et Sébastiani, tantôt pour tirer de la province du Keratry, du Guizot, du Méchin ou du Mouton-Lobau? Nous ne pouvons, sans ces vertueux citoyens, disait-on, remplir dignement notre tâche; nous ne pouvons faire ni bonnes lois ni bonnes institutions; envoyez-les par le prochain vote, si vous tenez à sauver *le pays*. Et, en effet, le cas échéant, ils n'ont pas tardé à nous donner un plat de leur métier.

Mais qu'est-ce, après tout, de si bien servir l'État, si l'on ne se sert encore mieux soi-même? Fi des prescriptions qui n'aboutissent qu'au patriotisme, et ne laissent recueillir dans le champ de l'égalité ni titres ni grandeurs! N'oubliez pas qu'on ne chasse un prince que pour se vendre à son successeur, et que, la même dynastie dût-elle vingt fois remonter sur le trône, vous y devez trouver chaque fois de nouveaux profits. Trahir les Bourbons et les envoyer à Gand, était le plus sûr moyen de se faire acheter à leur retour; poursuivre Napoléon d'insolentes clameurs jusque dans son île d'Elbe me semble un trait de génie pour qui se préparait au baise-main des cent-jours. Nos hommes d'État se sont particulièrement servis de ce secret, et l'on peut dire qu'ils en ont fait une expérience fort satisfaisante.

Celui-là ne fut pas le moins habile de tous, qui saisit l'instant où Bonaparte marchait sur Paris, pour redoubler de colère et de menaces. Il l'insulte chaque jour de son rapide voyage; il l'insulte aux portes de la capitale; il l'insulte encore le 20 mars, et ce n'est ni un coup de tête ni un coup de désespoir : cet homme a pesé toutes ses paroles, et sait admirablement en calculer l'effet. On lui conseille de passer les mers, il hausse les épaules; on le supplie d'aller à la campagne, il se fâche; bref il s'obstine, sort de sa maison, et, pour dernière réponse, court aux Tuileries se présenter devant Bonaparte, qui le reçoit à bras ouverts et lui met en bons billets de banque cent mille écus dans la main. Avec moins de présence d'esprit et de savoir-faire, l'imperturbable publiciste s'en fût tenu aux avertissemens de la peur, et la couronne ne verrait point aujourd'hui figurer parmi ses archives le fameux acte additionnel.

Enfin, dans une occasion plus récente, nous retrouvons encore ce même politique sur la brèche, avec ses nobles emportemens et sa généreuse indignation. Il combat pour le progrès, pour les lumières, pour la souveraineté du peuple; il demande à grands cris de nouvelles institutions, ou menace, tout malade qu'il est, d'aller au *forum* proclamer lui-même la république... Mais quelque embarras d'abord empêche sa litière d'avancer, d'autres difficultés surviennent, les obstacles se multiplient, et le plus grand de tous apparemment est un billet au porteur qu'on lui glisse en chemin. Oh ! l'excellente recette que les mots magiques patrie et liberté ! Charme puissant ! qui met en estime les hommes les plus vils et les conduit par le parjure aux richesses et aux honneurs.

CHAPITRE III.

Recette de bruit, avec addition de scandale.

De grands et habiles personnages ont encore employé une recette dont nous sommes loin de contester le mérite, recette qui ne consiste pas seulement à frapper fort plutôt que juste, mais à prendre toujours le bruit pour dernier terme de la question. Le principal artifice est de se placer dans des situations inattendues et d'appeler à son secours l'impudence et le cynisme, mettant ce que l'on peut avoir de talent sous la protection de ce que l'on peut faire de scandale. Les opinions dès lors ne servent qu'un certain temps, et les règles mêmes de la morale dépendent des circonstances; chose d'autant plus facile aujourd'hui, que toutes les mesures du bien et du mal sont à peu près perdues. Notre siècle a pris son pli; la recette lui convient, et nul ne peut espérer sans elle de réussir : mieux vaudrait vendre du baume sans trompette, ou faire une parade sans singe et sans paillasse.

Comme les moyens les plus simples sont d'ordinaire les meilleurs, ils doivent plus particulièrement aussi plaire à l'homme habile. Quelquefois le génie même s'en est montré friand, et, sous ce rapport, on ne s'étonnera point que la recette de faire du bruit ait été non moins heureusement employée par M. de Châteaubriand que par MM. de La Mennais et de Lamartine, deux hommes si dignes à eux seuls d'en assurer le succès. Déjà certain essai de M. de Châteaubriand sur les révolutions pouvait donner une idée de son secret, et faire connaître avantageusement la méthode qu'il entendait suivre le reste de sa vie. Pour parler plus haut que les révolutionnaires eux-mêmes, il ose prédire la fin d'une religion qui, dans notre foi chrétienne, ne doit jamais finir, et met à la tête d'un chapitre cette question malsonnante (1) : QUELLE

(1) Chapitre LV.

SERA LA RELIGION QUI REMPLACERA LE CHRISTIANISME ? Puis il rapporte plus loin les cyniques détails d'une orgie, que l'on trouva piquant, dit-il, de terminer par la messe d'un moine qui avait passé la nuit dans la débauche. C'était dans le principe, comme chacun sait, un ouvrage fort peu orthodoxe que le GÉNIE DU CHRISTIANISME ; et cependant lorsque l'auteur d'Atala voit plus tard le culte catholique prendre faveur en France, se mettant aussitôt à l'œuvre, il refait son livre de manière à étonner jusques aux saints de la réaction. Béranger garde en porte-feuille les essais poétiques de sa jeunesse, où, comme M. de Châteaubriand, il ne cherchait dans la religion que des effets d'artiste : peut-être aura-t-il pensé que l'on ne joue point avec les croyances. Est-ce sagesse d'esprit ou erreur de méthode? Nous laissons à d'autres le soin de décider entre ces deux grands chansonniers!

Nul ne peut dire, d'ailleurs, que M. de Châteaubriand se soit jamais éloigné de la recette qu'il avait adoptée. Sa vie entière n'en a été qu'une longue expérience, et sur ce point nous le trouvons toujours d'accord avec lui-même. Qu'il daigne, membre nouveau des quarante immortels, faire l'éloge de son prédécesseur, ne vous y attendez pas! La chose est trop commune! C'est moins que cela, c'est un devoir. Insulter, au contraire, la cendre de Chénier et flétrir sa mémoire, en voilà pour six mois de scandale à la ville et à la cour. Oh!

l'excellent thême ensuite que le héros de Sainte-Hélène, pour qui veut profiter du bruit de son grand nom! Commencez par jeter contre l'*ogre* un cri d'horreur, moquez-vous de l'homme de *petite maison;* le trait est neuf et plaisant, vous pouvez vivre là-dessus quelques semaines; puis revenez à la gloire de *l'illustre captif*, à ses *travaux d'Hercule*, et vous y trouverez encore meilleure pâture. Les Bourbons ne se laissent-ils plus émouvoir aux chevaleresques accens de votre voix contre-révolutionnaire, allons, vite un écho dans le parti libéral! « Thiers, Béranger, « Keratry, ouvrez-moi les bras, je veux « marcher sous votre drapeau. Si j'ai eu « le hasard de faire quelque bruit avec « la guerre d'Espagne, avec la note se-

« crète ou *le Conservateur*, ne puis-je « donc en faire à l'aide du progrès et « de la perfectibilité ? Si mon nom, « comme ministre, figura parmi les en- « nemis de la Grèce, pourquoi, mainte- « nant poète sans portefeuille, ne mon- « terais-je pas sur les toits pour dire les « malheurs de la patrie de Léonidas? « Ne suis-je pas accouru d'ailleurs, à « la première nouvelle de juillet, dans « l'intention toute patriotique de faire « encore plus de bruit que les barricades? « N'ai-je pas quitté Dieppe et ses bains « et le salon de Mme *** pour venir à « Paris recevoir enfin une ovation po- « pulaire? Est-ce ma faute, à moi, si, « depuis un an, nourri de folles espé- « rances, on m'a trompé sur l'issue de « la grande semaine? Je voulais bien que

« l'on franchît un degré, que l'on en « franchît deux, mais non pas trois; « ma recette n'allait pas jusque là.... Et « cependant, si le pouvoir m'échappe, « un discours, une démission, une bro- « chure retentiront en Europe! Au dé- « faut d'un livre je ferai un voyage, je « menacerai la France d'un éternel « adieu ; et les journaux qui la veille « ne parlaient que de mon triste départ, « pourront le lendemain annoncer mon « retour. Et puis c'est chose convenue « que mes amis me voleront une tra- « gédie, qu'ils m'obligeront à faire « des lectures d'*outre-tombe;* qu'on ac- « cusera le siècle de ma pauvreté, que « l'on me comparera même à Homère « mendiant, et il y a encore là du bruit « pour dix bonnes années. » Le dirai-je?

cette recette si excellente, si merveilleuse, me rappelle involontairement l'héroïque secret dont usait naguère parmi nous la *Contemporaine;* l'effet en est certain, et, comme dans toutes les autres formules, il ne s'agit plus que d'écrire au bas de celle-ci: *Remuez souvent et long-temps.*

Quant à M. de La Mennais, mêmes ressources, mêmes expédiens; il n'a d'autre souci que de faire les doses plus fortes. C'est, comme dirait M. de Châteaubriand, un homme *haut enjambé* pour sauter par-dessus tous les principes et courir après tous les scandales. Son habileté surtout éclate dans l'art de feindre des sentimens qu'il n'a point, d'exploiter des convictions qu'il n'aura jamais. Quel que soit le tour que prennent les choses, il ne demande qu'à paraître sur la scène; toute pièce lui semble bonne où il peut jouer un rôle. Il se fera bonapartiste, bourbonnien, jésuite, hérétique, aristocrate, démagogue, il prendra des guenilles ou du galon, la soutane ou la carmagnole, selon que l'exigent le temps et sa recette. Vous trouverez dans sa chambre des reliques et un bonnet rouge, le buste de Marat à côté du crucifix, et peut-être saint Ignace entre Carrier et Joseph Lebon qui nous a déjà fait voir ce que c'était qu'un prêtre. N'est-ce donc pas tout un pour qui se moque aussi bien de Rome que de Genève, et ne croit non plus à Dieu qu'à la république? Il lui faut une chaire à deux fins, une église qui soit temple et club, un clocher où l'on puisse sonner le double carillon et faire du bruit sur toutes les gammes. Le voulez-vous abbé de cour, prophète de ruelles ou de boudoir? fier alors d'espérer la pourpre, changeant de nom, volant une particule, il nous peint des plus noires couleurs et le peuple et la révolution; l'égalité lui cause des nausées, la liberté n'est qu'une fille du faubourg, une prostituée bonne à raccrocher des manans. Son zèle va jusqu'à la délation! Mais donnez-lui le temps de se faire Gracque ou puritain, ce sera bien autre chose, ma foi! Les rois, pour le coup, tiendront conseil sur des ossemens, et boiront à longs traits du sang dans des crânes humains. Et puis nous verrons sur les ruines de leurs trônes, *une pierre recouverte de je ne sais quoi d'humide et de vert, sembla-*

ble à la bave d'un reptile, et les ombres royales feront entendre un son comme le son rauque et sec du vent qui bruït dans un squelette, etc.... Or, à quelquedose que M. de La Mennais fasse entrer dans son incomparable prescription la fantasmagorie, le carbonarisme ou l'eau bénite, on ne saurait disconvenir qu'elle ne lui ait été d'une grande ressource pour tirer parti de tous les régimes, pour prêcher l'infaillibilité de tous les dogmes, pour se moquer tour à tour des rois et des peuples. Il peut indifféremment, à l'aide de cette recette, devenir grand inquisiteur ou grand réformateur, membre de la congrégation du saint-office ou membre d'un comité de salut public, et faire autant de bruit et d'argent avec les PAROLES D'UN CROYANT qu'il en a fait sous la restauration avec ses libelles diffamatoires et ses pieuses élégies du CONSERVATEUR.

Plus simple dans ses vœux, M. de Lamartine n'ambitionne qu'un bruit honnête et un modeste scandale. On dirait que, *juste-milieu* de savoir-faire et d'empirisme, il ne veut que tinter quand les autres sonnent à toute volée. Leur recette perd sans doute entre ses mains une grande partie de sa vertu, et pourtant il est aisé de voir que c'est la même encore dont se sert M. de Lamartine. Ce mystique troubadour ne court pas l'univers, comme M. de Châteaubriand, le bâton de pélerin à la main, mais il saisit la première occasion de nous adresser ses adieux, et fait aussi le petit voyage en Terre-Sainte. Il ne met point en bouteille de l'eau du Jourdain pour le baptême de toutes les dynasties, mais il rapporte du désert force soupirs et des gémissemens sur tous les tons. M. de Lamartine n'oserait, comme M. de La Mennais, heurter de front nos lois et saper ouvertement l'ordre social, mais il ôte à la dérobée son petit moellon de l'édifice, et prend pour texte de ses lamentations philanthropiques la peine de mort et les douleurs du bagne. Le poète n'a non plus envie de se brouiller avec Rome que de faire esclandre parmi nous, et de là vient qu'il essaie d'une petite mixtion anodine de panthéisme et de catholicité où il enveloppe de belles croyances ce qui d'abord semblerait trop cru. Il ne menace point depuis quarante ans, comme l'auteur des *Martyrs*, d'amorcer son redoutable fusil pour combattre dans la Vendée, mais il en caresse de loin les simples habitans, et tâche de leur glisser doucement à l'oreille quelque mot ami. N'espérez pas lui voir à la bouche le classique brûle-gueule des républicains ou de madame de Larochejaquelin; il ne fume que la douce cigarette et dans des vases de cristal le tabac parfumé de Stamboul. Il voudrait de bon cœur, je pense, abolir dans nos colonies les cruels châtimens, effacer les dernières traces de l'esclavage; mais il s'inquiète encore plus de la haine des créoles, et semble dire aux nègres qui soupirent après la liberté : « Attendez du moins, mes « amis, que vous deveniez un peu plus « blancs. »

M. de Lamartine vise à l'effet, M. de

Lamartine recherche aussi le bruit et le scandale, et sans doute il en ferait bien davantage s'il ne commençait d'abord par mettre une sourdine à sa lyre.

CHAPITRE IV.

Qu'il n'est si grande abjection d'où l'on ne puisse s'élever aux honneurs par une bonne recette.

Si l'on peut sans peine se procurer des enfans de prêtre et rassembler des familles entières dont le chef ait autrefois dit la messe et chanté vêpres, il faut en convenir, on ne trouve pas aussi facilement le métis provenant de l'insolite union du moine et de la religieuse. Leur lignée devient chaque jour plus rare, et finira, si l'on n'y fait attention, par s'éteindre tout-à-fait, comme il est arrivé déjà parmi nous à la race pure du jésuite et du capucin. Mais il y a de grandes compensations en ce monde, et la disette où l'on est des rejetons de moinerie donne à ceux-ci, pour le moment, certain relief dont ils ne laissent pas de s'enorgueillir et d'abuser même quelquefois. Nous ferons particulièrement remarquer un de ces individus, qui, plus que nul autre, enflé de sa bizarre origine, pourrait donner à tous ses pareils des leçons d'impertinence et de vanité. Vous le reconnaîtrez à sa parole emphatique, à son air cauteleusement hautain, à son sourire de mielleuse arrogance, portant la tête au vent, marchant de la hanche et des épaules, toujours prêt à faire la roue. Il est vrai que ce double mulet de sacristie joint au privilége d'une naissance peu commune le mérite tout personnel d'avoir su parvenir sans talens aux premières charges du royaume, de s'être fait à la fois homme d'État et grand seigneur, oracle de plusieurs sociétés savantes et de plusieurs corps politiques. Voilà comme il a mérité de devenir parmi nous un objet d'empressement et de curiosité; on ne l'aborde plus qu'avec respect, on l'écoute, on l'admire, on veut le voir de face et de profil, on veut surtout copier son excellente recette.

Et que serait-ce donc, si l'on savait de quel point au juste cet homme est parti, et comment sa mère, passant de quelque pieuse abbaye dans un tout autre couvent que la pudeur m'interdit de nommer, faisait faire à son fils un apprentissage qui ne ressemblait non plus au service de l'église qu'à celui des camps? Alors que de complaisance et de bassesse! que de lâchetés! que de résignation à l'infamie! Heureuses dispositions qui devaient le conduire en peu de temps à la fortune, et qu'il tenait, selon toute apparence, de la double vocation des auteurs de ses jours. Représentez-vous, en effet, un couple dressé naguère à toutes les pratiques du cloître, aux humbles révérences, aux génuflexions, prostrations et prosternations, et dites si le fruit béni de ses mystiques amours ne devait pas vivre lui-même de rampemens et de courbettes, et compter d'abord sur la souplessse héréditaire de ses reins. Telle est aussi la manière dont l'agile mulet a fait son chemin dans le monde. Fidèle aux habitudes de famille et sans cesse prosterné, on ne se souvient de l'avoir vu debout que pour passer d'un camp dans l'autre. C'était à genoux qu'il demandait un grade à Napoléon, c'était à genoux qu'il obtenait des Bourbons un rang et des honneurs! A genoux sous l'empire, à genoux sous la restauration, sous la branche aînée, sous la branche cadette, sous les jésuites, sous les doctrinaires, il a prouvé que le genou, dans sa recette, jouait toujours le premier rôle.

CHAPITRE V.

L'approbateur de profession.

Cet homme est le type de la nombreuse famille politique de ceux qui n'approchent du pouvoir que pour tendre la main, qui n'ont une opinion que pour avoir une place, et qui, pour la conserver, subissent toutes les humiliations, se rangent de tous les partis et sous tous les drapeaux. Vous ne sauriez l'entretenir des affaires publiques, qu'il ne soit toujours plus ravi de ce qui se passe, qu'il ne chante toujours plus haut le présent, n'estime à chaque dynastie le trône mieux établi, et ne prédise gracieusement à tous les princes un long règne, avec la précaution cependant de mettre d'abord leur image dans un passe-partout. Pour lui, l'infaillibilité du pouvoir est un point de religion, un véritable dogme; adorer la volonté souveraine et plier sous le joug des moindres caprices de cour, voilà le fond de sa recette, sauf à envelopper cette humeur obséquieuse de certains airs d'importance et de gravité. Mais il a, dans sa haute sagesse, vous le devinez, promptement fait justice de la puissance malheureuse, et c'est à ses yeux surtout qu'un roi mort ne vaut pas un chien vivant. Napoléon surpassait-il Alexandre et César ? Louis XVIII, redevenu monarque légitime, efface d'abord la gloire de l'*usurpateur!* Si le *roi chevalier* ne fait un coup d'état, dit l'officieux approbateur, la France est perdue, les dieux s'en vont! Et, dans le même salon où il pressait de ses vœux les fatales ordonnances, cet homme quelques jours plus tard, se répand en invectives contre leurs *criminels* auteurs. Quoiqu'il ne dût point survivre aux Bourbons et à la légitimité, les barricades sont encore chaudes, le pied glisse encore dans le sang, qu'on le voit courir au Palais-Royal renouveler l'hommage périodique de son inaltérable dévouement. La catastrophe de la branche aînée ne lui semble plus qu'une haute mesure d'ordre social, qu'un utile ébranchement dont avait besoin l'arbre dynastique. Car la recette de l'approbateur ne consiste pas seulement à justifier tous les évènemens, mais à établir sur de bonnes théories la nécessité de tous les succès. Il cherche à colorer ainsi le scandale de ses continuelles défections, il veut paraître sincère dans le mensonge, consciencieux dans l'apostasie, délicat dans le parjure. Peu de temps lui suffit pour formuler la bassesse et se parer des dehors de la bonne foi.

Cette recette, d'ailleurs si odieuse, est celle des maîtres, celle qui décide de leur mérite et leur assure plus particulièrement le rôle d'homme d'État. La fortune leur arrive ensuite avec les honneurs, sans qu'ils aient paru s'occuper d'autre chose que de l'intérêt public et de la gloire nationale.

CHAPITRE VI.

Recette avec addition de sang.

D'où vient que celui-ci, d'un esprit borné, d'un courage équivoque, d'une probité pour le moins suspecte, tout dénué qu'il est des talens de sa profession, a su d'abord atteindre le sommet des grandeurs, malgré son intempérance et son cynisme éprouvés? D'où vient que révolutions ou changemens de dynastie ne sont pour lui qu'une occasion de tenir table, et que ses jambes avinées et chancelantes semblent le porter encore plus vite que ne feraient les ailes de la victoire? Voilà cependant comme le public traite les puissances! Eh! bien, qu'il ose donc s'étonner de la fortune du grand capitaine qui a inventé la *soupe des vainqueurs;* qu'il raille aussi les nobles convives de Grandvaux, leurs trophées d'armes et leurs bachiques transports. Il faut être avant tout de son siècle, et ne se point choquer de si peu de chose. C'est, comme au temps de Vitellius, l'apanage de la grandeur, la marque et le fruit d'une civilisation en progrès, et je ne prends sur moi de découvrir la turpitude de ce haut et puissant personnage, que pour faire mieux apprécier l'excellence de sa recette. Nous la donnerons telle qu'il s'en est servi, avec les mêmes doses, avec les même chances de succès, sans en exagérer ni la force ni l'efficacité, savoir :

Complots contre la république. 3
Trahisons envers Bonaparte. 2
Sang du maréchal Ney. 6 onces
Voyages pour et contre à Gand et à Cherbourg. 2
Ingratitude envers les Bourbons, mesure comble.

Le tout assaisonné de dédains et d'affronts qu'il faut supporter tranquillement et boire en silence.

Or, comme il n'est point donné à tout le monde de pouvoir légalement trahir la patrie et spéculer sur la mort des héros, cette recette, on le sent bien, ne s'adresse qu'à un très petit nombre d'hommes, et n'a de mérite que pour ceux-là mêmes qui sont à portée d'en faire usage.

CHAPITRE VII.

Le dormir, secret de famille.

Il y a peu de gens qui ne possèdent de père en fils, comme secret de famille, quelque rare et précieux spécifique, un baume excellent, un élixir infaillible, de l'eau pour les yeux ou de l'onguent pour la brûlure. Et, cependant, ce trésor de prescriptions souveraines leur semblerait incomplet, s'ils ne l'enrichissaient encore de toutes les formules politiques dont ils peuvent espérer quelque heureux résultat. L'expérience, à cet égard, ne laisse aucun doute, tant les preuves en sont nombreuses et faciles à recueillir. Ainsi, parmi les plus nobles maisons de France, celle des *Pison*, par exemple, est bien connue pour avoir fait du dormir sa recette favorite, sa panacée de tous les temps et de tous les régimes! Il n'y a point de remède contre la fièvre ou la goutte qui égale aux yeux de cette famille le secret d'un bon somme fait à propos. C'était un de ses membres qui, fort en peine apparemment de protéger la fuite de Louis XVI, abandonna son poste pour aller se mettre au lit. C'était encore quelque préfet de cette race, dont le repos, dans une occasion difficile, devait passer avant le service de l'Etat; et Dieu sait comme nous respectâmes son sommeil de commande! Mais rien n'approche des somnolences du chef de la famille, qui depuis quarante ans dort à chaque catastrophe, dort debout et assis, sur le mot d'ordre, sur sa chaise curule, dans le salon de tous les ministres, dans l'anti-chambre de toutes les dynasties, et même au balcon de l'Opéra, où il a rêvé qu'il était libéral et patriote. Misérable illusion! rêve de grand seigneur doctrinaire, qui ne fit jamais perdre à cette aristocratie pédantesque ni un souvenir d'orgueil, ni une occasion d'étaler sa lâche et puérile vanité! Les autres rêvaient, mais de bonne foi, chapelles et cordons bleus, lorsque juillet est venu les réveiller en sursant; espérons que ceux de la renaissance auront aussi leur réveil!

La recette toutefois me semble excellente lorsque l'on sait discrètement l'employer, non pour s'endormir sur ses lauriers, mais pour ne s'avancer point trop vite, pour prendre bien son temps, et ne se décider qu'au moment où ce qui tombe doit être remplacé. La crise touche-t-elle à sa fin? Vous ouvrez un œil et puis l'autre, vous quittez en toute hâte votre chambre, vous vous jetez parmi les vainqueurs et vous courez sus aux emplois. On s'est mille fois demandé ce que faisaient en juillet tant d'habiles politiques, tant de renommés capitaines, dont le peuple, au milieu du combat, n'a pas même aperçu le bout du nez. Eh! que pouvaient-ils faire de mieux que de dormir? Les plus éveillés maintenant, les plus alertes au budget, incapables alors de se soutenir, tombaient de sommeil au bruit du tocsin et du canon, et de vieux héros de la république et de l'empire se frottaient les yeux sans pouvoir endosser leur uniforme. Par ce moyen, ils se sont conservés sains et saufs, et promettent de durer long-temps, si trop de zèle aujourd'hui ne les emporte.

CHAPITRE VIII.

Le jeu des deux frères.

Puisque nous en sommes sur les recettes de famille, je ne quitterai point ce sujet sans parler d'une autre formule qui recommande expressément entre proches parens les haines de parti, le contraste et l'opposition furieuse des rôles politiques. Ce secret, jadis peu connu du vulgaire, et qui n'appartenait qu'à certaines classes privilégiées de la société, est maintenant répandu jusque dans la menue bourgeoisie, où nous avons eu plus d'une fois l'occasion d'apprécier sa rare vertu. Le fils s'indigne des opinions de son père, une femme éclate contre son mari, l'oncle même et le neveu rompent ensemble: mais laissez-les faire, ils ont dans le fond l'ame honnête, et sauront bientôt se réconcilier à nos dépens. Toutefois des frères valent mieux encore pour jouer cette partie; on s'étonne moins de leurs emportemens, on croit plus volontiers à leur fanatisme. Il ne leur faut souvent pour ménager de grands intérêts de famille, que laisser à propos s'éteindre la voix du sang. Or, je veux particulièrement vous faire admirer deux de ces sublimes héros de la parenté, deux de ces tendres *frères ennemis*, dont les brouilleries et la rupture apparente méritent une place à la tête des meilleures recettes. L'épreuve est décisive; elle date de la chute de l'empire et du retour en France des Bourbons. « Ça, dit un frère à l'autre, « le temps est venu pour nous de ne « plus marcher ensemble; suivons, ami, « des routes diverses. Adore la légiti- « mité, cours au drapeau blanc rendre « hommage, tandis que je ferai relique « des trois couleurs. A toi le dévoue- « ment! à moi la réprobation! Toute fa- « mille qui entend ses intérêts ne peut « ignorer le prix d'une tache; elle doit « toujours avoir dans son sein un membre « gangrené, un rebelle, un scélérat, « qu'elle tient en réserve pour l'avenir. « Je suis aujourd'hui la brebis galeuse « qu'il faut retrancher du troupeau. »

Et là dessus nos deux frères, les larmes aux yeux et le cœur déchiré, se promettent affectueusement haine et mépris, et tous les signes d'une antipathie parfaite.

Le plus jeune, en effet, reniant père et mère, chose convenue d'avance, ne tarde point à gagner la faveur du pouvoir. On le fait colonel, on le fait baron, on le met de tous les ordres, et, par reconnaissance, il se croit obligé de dénoncer chaque jour quelque officier de son régiment; l'un pour avoir lu *le Constitutionnel*, l'autre *le Courrier*; celui-ci pour n'être allé à la messe, celui-là au sermon. Bref, il avait par trois fois renouvelé son corps d'officiers, quand la révolution de juillet vint le mettre à la porte. Mais son aîné, qui depuis dix ans jouait le Romain, couvait sa patriotique indignation, et ne parlait que de Lafayette et du *gouvernement à bon marché*; son aîné, dis-je, après avoir, comme les autres, fait le mort et dormi pendant trois jours, offre à la France un sauveur de plus. Il se réveille hors d'haleine, fronce d'abord le sourcil, puis, tempérant ses opinions démocratiques, court trafiquer de son zèle et mettre à l'enchère son héroïque constance. On lui donne de l'argent et des emplois, on lui prodigue les grâces, les honneurs, les dignités, et cependant il attend encore autre chose de sa recette! N'a-t-il pas un frère à couvrir de son crédit, un frère que méprise et condamne l'armée? L'opinion publique tout entière le repousse? Eh! bien, il s'avancera malgré vous, il ira, pourvu de quelque bonne mission secrète, gagner chez nos voisins de nouveaux grades et de nouveaux honneurs, jusqu'à ce qu'il puisse revenir en France traîner impunément le poids de la honte et de l'ignominie.

Notre recette bourgeoise vous étonne peut-être ? Que serait-ce donc, s'il m'était permis de vous initier à ces mystérieuses combinaisons de haute parenté, qui ont le privilége de ruiner les peuples au profit d'une seule famille ?

CHAPITRE IX.

Façons de parler à l'usage de la politique ; manière de se servir de la Providence.

Comme il y a des termes de médecine et de jurisprudence, la politique a aussi ses locutions et ses phrases toutes faites, que renferme son grand formulaire, et qui peuvent elles-mêmes devenir la base des meilleures recettes. Ainsi les habiles vous diront combien de fois, dans un bon discours, doivent revenir ces lieux communs, *ordre public*, *principe cons-*

titutionnel, *vœu national*, *majorité imposante*; ils vous diront à quelles doses on doit se servir des qualifications usuelles de *républicain*, *jésuite*, *anarchiste*, *révolutionnaire*, soit pour effrayer les sots, soit pour se saisir du pouvoir et faire en peu de temps fortune. Et cependant je connais un mot bien autrement puissant et efficace, répété de nos jours jusqu'à satiété, que l'on trouve dans la recette de M. Thiers comme dans celle de M. de Quélen, dans les homélies de M. Sauzet comme dans la bilieuse rhétorique de M. Guizot, le mot *Providence*, mot si plein de ressources et si cher à nos hommes politiques, qu'ils lui ont d'abord donné pour auxiliaire l'adjectif *providentiel*, avant même que l'Académie, soit dit en passant, lui permette de figurer dans les colonnes de son Dictionnaire. En effet, il n'est point d'embarras dont on ne sorte par la vertu de ce mot, il n'est point d'événement qui ne puisse recevoir une explication favorable; c'est la recette des recettes, la recette universelle et sans fin, que je défie le plus incrédule de trouver en défaut. On fait son coup, on manque son coup, on joue de bonheur ou de malheur; ainsi le veut la Providence! Bonaparte s'empare-t-il du pouvoir? Providence! Se casse-t-il le nez à Waterloo? Providence! Charles X triomphait de nos institutions? Providence! La branche cadette monte sur le trône? Providence! Vienne une autre dynastie, viennent les Russes, les Cosaques, les

Kalmouks, nous emploierons encore la même recette, et nous les saluerons du même mot, car l'intrigue et la bassesse en ont fait décidément leur mot d'ordre.

CHAPITRE X.

Qu'il n'y a point de bonne recette sans le concours de la corruption.

De même que l'ordonnance du médecin tire sa principale vertu des circonstances de la saison ou du climat, si nos recettes politiques exigent une atmosphère de corruption et de désordre on doit croire pour long-temps encore à leur infaillibilité. Le succès n'en saurait être douteux chez un peuple où s'éteignent à la fois tous les beaux sentimens et tous les nobles souvenirs, chez un peuple où l'on se fait honneur de marcher à l'aventure pour éviter du plus loin possible l'ennui des règles et l'embarras du devoir. Nos bonnes recettes, il faut le dire, vont jusqu'au meurtre et jusqu'à l'incendie; vous imagineriez difficilement un forfait que n'aient point commis les habiles, une lâcheté dont ils ne se soient point rendus coupables. Si quelque tête domine les autres, je parie qu'elle appartient en bonne justice au bourreau. De là le motif qui rend en apparence nos politiques généreux, et fait prendre à la philanthropie tant de crimes sous sa protection; on se montre d'autant plus faible à réprimer les scélérats, que l'on a soi-même besoin d'indulgence. Il suffirait, je crois, de remettre en usage la droiture et l'honneur pour bouleverser aujourd'hui tout l'ordre social.

Mais ce que je regarde comme le comble de la misère, c'est qu'un peuple ne tombe point dans ce déplorable état sans avoir à se reprocher le concours de sa propre corruption et la bassesse d'une complicité trop réelle. Il ne faut pas se lasser de le répéter à la France, ses progrès ne sont que l'habileté du vice, ses lumières ne sont que la propagation des plus odieuses recettes, dont chacun veut faire l'épreuve pour s'avancer à la fortune. Le pouvoir, depuis un demi-siècle environ, s'est recruté dans toutes les classes de la société, nos ministres ont été tirés de tous les rangs, de toutes les factions, de tous les partis; on a joué pour ainsi dire au hasard et sur un coup de dé toutes les charges et toutes les dignités de l'État; combien d'honnêtes gens, dites-moi, le sort a-t-il fait paraître sur la scène? Et, cependant, vous observerez que ces mêmes recettes, si chères à la politique, ces mêmes formules où l'on ose avouer la nécessité du crime, non-seulement portent malheur à ceux qui s'en servent, mais compromettent encore le salut de nos gouvernemens, que nous voyons, l'un dans l'autre, durer à peine l'espace d'un bail. Les coups d'État, les exécutions sanglantes, et la morale des intérêts qu'ils invoquent eux-mêmes, ne sauraient les conduire au-delà de dix années; terme de rigueur apparemment pour qu'un intérêt satisfait ait le temps de faire place aux exigences d'un intérêt nouveau.

LIVRE QUATRIÈME.

LIVRE IV.

MAUVAISES RECETTES.

CHAPITRE PREMIER.

La recette hors de saison.

Eumène n'est pas de ceux qui vantent un remède parce qu'il est de mode, et croient a sa vertu parce qu'il vient d'un charlatan ; *Eumène* n'a voulu voir dans nos recettes politiques qu'un recueil d'impostures et un enseignement de brigandages, et il a préféré la sienne à toutes les autres. Elle prescrit à fortes doses, il est vrai, le patriotisme, elle recommande et met en honneur le désintéressement et la bonne foi; mais que peut-on espérer d'un remède dont personne ne veut aujourd'hui? *Eumène* en a trop souvent fait la triste épreuve, pour qu'il puisse encore songer à guérir les plaies de la patrie. Il a échoué sous le directoire, sous l'empire, sous la restauration; et ce n'est pas sans une vive douleur qu'il se rappelle le stupide aveuglement de ces preux et loyaux chevaliers sur lesquels il avait compté pour le succès de sa recette. Leur parle-t-il de la religion en vrai fidèle, de la France avec amour, il ne recueille que des paroles amères et d'impertinentes railleries. Veut-il faire d'un dévot un chrétien, la colère alors leur tourne la tête : « Nous n'aimons point, « disent-ils, ces doctrines nouvelles, le « salut n'est pas chose si difficile! Messe « et processions le matin, bal et spec- « tacle le soir, le reste comme à l'ordi- « naire. » Et la recette d'*Eumène* fait sourire de pitié les saints eux-mêmes et les grands seigneurs, et soulève, comme au temps de Jésus-Christ, la cour et le sanhédrin, parce qu'elle ne sépare point du dévouement au prince l'amour de la patrie, et le zèle de la liberté de la soumission aux lois; nobles sentimens qui ont le privilége d'assurer également le bonheur du peuple et la gloire des empires.

Cependant *Eumène* va droit aux hommes d'État, aux prétendus oracles de la

gouvernementabilité, et, plus que jamais convaincu de l'excellence de son baume, il leur présente comme un remède héroïque l'honneur et le patriotisme, les conjurant d'en faire par eux-mêmes l'heureuse expérience. Mais de nouvelles clameurs s'élèvent aussitôt, le parti des *honnêtes gens* hausse les épaules; et, montrant avec orgueil l'abbé Louis, l'abbé de Talleyrand, l'abbé de Montesquiou, « Voilà, dit-il, ceux qui possè-
« dent la bonne recette, voilà les solides
« et sincères amis du trône et de l'au-
« tel! » Et les honnêtes gens, avec leur pénétration ordinaire, nomment encore le maréchal Soult, MM. Decazes et Molé, dont on connaît de reste la fidélité.

Enfin arrive la révolution de juillet, cette révolution depuis si long-temps attendue, et si bien préparée par les recettes de tout le monde, même de ceux qui n'en voulaient pas. Alors renaît l'espérance; alors *Eumène* se croit sûr de son fait et court d'abord chez nos grands semeurs d'idées libérales, chez tous nos publicistes à l'anglaise et à l'américaine, qui, pendant quinze ans, reçurent les bénédictions du peuple et dévorèrent les repas des électeurs. Il leur tend la main, les somme de leur parole, presse, supplie, veut les entraîner lui-même sur cette route de progrès et de perfectibilité qu'ils avaient naguère parée de fleurs. Mais, ô honte! ô bassesse! il n'y saurait faire un pas, sans être arrêté par quelque vieux clubiste ou quelque renégat de feuilleton, qui, du haut de sa fortune nouvelle, lui prodigue la menace et l'outrage. « Abjure « des sentimens funestes, s'écrie-t-on de « toutes parts, renonce aux poisons de « ta recette, si tu ne veux mourir *d'or-* « *dre public* ou de quelque autre anti- « dote de notre façon. Ne sais-tu donc « pas que les libéraux, en changeant de « rôle, ont aussi changé de formule, et « que la maladie du corps social doit « être à cette heure signe de force et « marque de bonne santé? Nous enten- « dons que désormais la gangrène nous « profite, et si l'on fait des amputations, « ce ne sera qu'à ceux qui se portent « bien. » Pour toute réponse, *Eumène*, comme en un jour de deuil public, pousse des cris de douleur, déchire ses vêtemens et cache dans la poussière son front humilié.

Et toutefois, avant d'écrire sur son drapeau : MALÉDICTION ET VENGEANCE, *Eumène* veut encore faire un dernier essai; il se tourne vers le peuple-électeur, et lui dit : « Ma recette est celle « d'un homme de bien, elle prescrit « tous les sentimens généreux, la haine « du despotisme, l'amour de la patrie, « le dévouement et la loyauté ; osez du « moins vous en servir une fois. » Mais les faiseurs de richesses, les insatiables amis du régime constitutionnel ne laissent point achever ce *farouche républicain*, le forum retentit de leurs plaintes, la colère éclate sur leur visage, bref on court à celui qui promet des emplois et des honneurs... « Les insensés ! s'é-

« crie *Eumène*, faut-il donc pour ren-
« dre ma recette efficace, que l'on y
« ajoute un bain de sang? »

CHAPITRE II.

La recette du général Decaen.

Pour faire mieux sentir l'inconvénient de ces formules surannées, et combien, à la longue, elles peuvent devenir funestes, je n'ai besoin que de rappeler ici la vie du général Decaen, la destinée d'un homme qui, depuis l'aurore de notre révolution, combattit à la tête des armées françaises, commanda sur tous les champs de bataille, et remplit de triomphes sa longue et brillante carrière. Et, cependant, nous devons ajouter que cet homme, si digne de nos respects, sera peut-être encore moins grand dans l'histoire par son intrépide valeur que par la fermeté même de son ame et par les beaux exemples de vertu qu'il nous a laissés. Vous l'avez vu, capitaine-général dans l'Inde, rendre à nos colonies la paix et la prospérité; vous l'avez vu, législateur à l'île de France et conquérant sur les côtes d'Asie, rétablir partout notre crédit et la gloire de nos armes. Mais ce que l'on doit surtout remarquer, c'est son désintéressement profond, la manière dont il a mis en oubli sa propre fortune, et le continuel sacrifice qu'il en faisait à la mère patrie. Pour suppléer les ressources qui lui manquent au delà des mers, ce grand homme abandonne sa part de toutes les prises; il renonce aux dépouilles qu'il avait enlevées à l'ennemi, il verse dans le trésor d'immenses richesses et fait lui-même les frais de ses triomphes et de ses victoires. Or, vous ne sauriez maintenant vous étonner que le capitaine-général de l'Inde, avec une si haute et si rare vertu, soit rentré dans nos ports beaucoup plus pauvre qu'il n'en était sorti; vous ne vous étonnerez pas davantage de tous les malheurs qui l'attendaient au milieu de nos désastres. Là commencent pour lui d'autres épreuves, d'autres adversités; et sa glorieuse misère ne l'abandonnant ni sous la restauration ni depuis juillet, il a bien fallu que la pitié publique pourvût enfin à ses derniers besoins et se chargeât de ses funérailles.

D'où vient aussi que, dans l'Inde, le général Decaen ne traitait pas de nos colonies avec les Anglais? D'où vient que, plus tard, il n'a point suivi les prescriptions du sénat, et vendu la France à nos ennemis du dehors et du dedans? La persécution n'eût pas courbé sa tête, ses mains n'eussent point été chargées de chaînes, sa vie ne se fût point éteinte dans les angoisses de la pauvreté! Mais cette récompense ne pouvait lui manquer en ce siècle de progrès et de lumières; telle devait être la fin de l'illustre capitaine qui avait retrouvé dans son cœur la recette d'Aristide et les enseignemens de Phocion.

CHAPITRE III.

Pourquoi ce livre n'est pas plus long.

Que de grand cœur je voudrais, remplissant de si belles recettes un livre entier, pouvoir effacer la honte de ce qui précède, ou tout du moins établir en notre honneur une juste compensation ! Mais les choses malheureusement ne vont pas ainsi ; la matière manque à de si bonnes intentions, et mon sujet, sur ce point épuisé, ne saurait me fournir un chapitre de plus. Que l'on s'avise, en effet, d'envoyer dans nos possessions un gouverneur, et la France verra si cet homme daigne suivre aujourd'hui l'exemple du capitaine-général de l'Inde. Oh! non sans doute, de pareils modèles ne vont pas à la taille de ce siècle. La recette actuelle d'un gouverneur, vraie recette de proconsul, veut qu'il se fasse d'abord grand propriétaire dans la colonie, qu'il féconde ses terres du sang de nos soldats, qu'il se place au-dessus des lois, brave tous les sentimens d'honneur et de justice, et puisse au besoin couronner de quelque grand désastre ses turpitudes et son ineptie. Sont-ce là, je vous le demande, des recettes que l'on ose coudre à celle du général Decaen?

LIVRE CINQUIÈME.

LIVRE V.

PRÉCEPTES ET EXEMPLES.

CHAPITRE UNIQUE.

Manuel de politique selon nos grands maîtres.

Pour qui veut marcher d'un pas ferme en politique, la conscience est la première chose dont on se doit moquer. On ne parvient à rien de grand si l'on tient encore à l'estime publique, si l'on hésite sur les moyens de réussir, si l'on s'étonne d'un crime ou d'une lâcheté. Obéissez-vous à une vocation réelle? Vous n'envisagerez désormais que le pouvoir et les avantages qu'il procure, vous ferez pacte avec la trahison, avec l'assassinat, et vous irez droit au but sans qu'aucune pensée d'honnête homme puisse vous en détourner. C'est la route que suivent parmi nous les habiles, et Dieu sait ce qu'ils ont fait de chemin! Si jamais le remords osait approcher de votre conscience, rappelez-vous avec quelle facilité l'ont étouffé nos grands hommes, et n'épargnez non plus qu'eux ce trouble-fête du pouvoir.

Comme il y a des prescriptions pour

toutes les circonstances, vous vous appliquerez d'abord à connaître les meilleures et les plus efficaces. Faites une étude particulière du crime, et préparez-le à grandes doses, si vous ne voulez demeurer confondu parmi ces avortons politiques qui attendent leur fortune de quelque obscure perfidie ou d'un timide effort de bassesse. Autant vaudrait toute sa vie rester homme de bien. Songez que d'ordinaire les grandeurs sont le prix d'un éclatant forfait; l'esprit d'intrigue ne procure que les petites distinctions et une honnête aisance.

On ne saurait jouir à la fois de tous les biens de ce monde, et c'est là-dessus qu'il faut d'abord prendre son parti. Rien de plus facile, au reste, que de faire un choix, pour qui a le sentiment de l'élévation, comme diraient les phrénologistes. Le sommeil fuit vos paupières, je le sais, mais vous habitez de magnifiques palais; votre ame se flétrit et succombe, mais vous marchez par la ville dans un superbe équipage; votre nom devient odieux, le peuple ne le prononce qu'avec horreur, soit; mais vous laisserez des trésors immenses, et vous aurez fait le destin d'une famille puissante. D'ailleurs ce haut rang où vous vous plaisez, ces titres, ces dignités, ces courtisans, tout ce faste enfin, ne vaut-il pas bien la perte d'un vulgaire repos? Ah! si vous pouviez un moment regretter les douces émotions de la vertu, vous ne seriez pas digne de votre sort.

Renoncez donc à des scrupules d'enfant, et donnez-vous tout entier aux affaires publiques : le succès n'est pas douteux pour qui veut faire provision de bonnes recettes. Quelques-unes réclament encore le *huis-clos*; mais votre esprit y suppléera. En attendant, vous ne sauriez ignorer de quelle ressource sont une épouse complaisante, une sœur, une cousine qui se dévouent à des intérêts de famille. Il y a dans l'avantage qu'on peut tirer de leurs séductions tout un avenir de grandeur et de puissance.

Admirez, par exemple, la femme généreuse qui, sous la tente d'un prince, semant d'étoiles les épaulettes de son mari, préparait ainsi la fortune de l'un de nos plus zélés défenseurs du régime constitutionnel. Bénissez aussi cette jeune veuve de la restauration, douce et tendre odalisque, qui laissait une main royale dénouer sa ceinture pour la changer en cordon bleu sur la poitrine de son frère. Il n'est pas jusqu'à l'intérieur même des familles qui n'offre de ces intimités protectrices, avantageuses à tout le monde, si ce n'est à la patrie. Une nièce qui s'entend bien avec son oncle pourra faire de ses trois frères, l'un général de mer, l'autre général de terre, l'autre receveur-général; et pour peu que vous lui en supposiez un quatrième, il ne saurait encore être moins que préfet ou conseiller d'État.

Pour ne s'occuper qu'en passant des grandes recettes, vous savez tout ce que valent les *piqueurs*, et l'usage qu'on peut secrètement faire de leur poignard lorsqu'il s'agit de donner le change à l'opinion publique. Où Alcibiade se contentait de couper la queue de son chien, notre civilisation en progrès a mis le meurtre et l'épouvante. Dans d'autres circonstances vous emploierez l'incendie; Néron faisait grand cas de ce moyen, et c'est encore une des prescriptions dont se sert aujourd'hui la politique.

Dieu n'a point voulu que la postérité fût privée de l'une des meilleures recettes de notre temps, celle de M. le baron Pasquier, préfet de police et conseiller d'État sous l'empire, ministre et pair de France sous la restauration, chancelier ou président de la chambre *régénérée* du Luxembourg sous Louis-Philippe, chamarré de rubans et de plaques de tous les ordres et de tous les régimes. Vous la trouverez en toutes lettres dans son naïf éloge du baron Cuvier, qu'il loue des mêmes traits dont il a si bien mérité qu'on le louât lui-même. Rien n'égale, à son avis, la politique d'un homme qui n'a d'opinions que pour conserver ses places, qui fait métier de zèle pour tous les pouvoirs, et conspire ouvertement la fortune du vainqueur. M. le baron Pasquier, fort des puissans exemples de ses confrères le baron Cuvier et le marquis de Laplace, après avoir rappelé *leurs dispositions favorables pour tous les gouvernemens* ÉTABLIS, et leurs nobles soins pour *préserver et soutenir* A TOUT PRIX *cette tente commune*, annonce (1) que l'un en avait trouvé la recette *dans l'étude des lois qui règlent et maintiennent le mouvement des astres*, et l'autre *dans la recherche et l'observation de celles qui président à l'organisation des êtres.*

Ce n'est pas, il faut le dire, sans de grands et mémorables exemples, que

---

(1) Éloge de M. le baron Georges Cuvier, prononcé par M. le baron Pasquier. Pages 38 et 40.

M. le baron Pasquier érige en vertu la souplesse de caractère, et met au premier rang l'art des palinodies politiques.

Vous êtes-vous assez moqués des Heures et du cierge de M. le maréchal Soult, esprits étroits et sans portée? Sa dévotion a-t-elle assez long-temps égayé vos journaux et vos pamphlets? Eh! bien, que vous en semble maintenant? La recette était-elle donc si mauvaise? Avant que le soleil des trois jours se fût couché, avant que le coq chantât pour la troisième fois, le pieux maréchal n'avait-il pas déjà fermé ses Heures et soufflé son cierge? Et puis on le voit, se hâtant de rallumer les fourneaux et les creusets de ses forges, travailler nuit et jour au salut de la France, changer nos sabres, changer nos baïonnettes, défaire et refaire tout notre harnais de bataille. Il traite avec Londres, avec l'Allemagne, avec la Sainte-Alliance; il vend, il achète, il entasse marchés sur marchés. Telle devait être la conduite d'un grand citoyen, et voilà ce que j'appelle se montrer homme d'État jusqu'au bout des ongles. Adieu cierge, adieu processions, le maréchal n'a non plus besoin de vous que de ses Heures; priera désormais pour lui qui voudra!

L'aide-de-camp d'un haut personnage

de la vieille roche, d'un saint homme de général s'il en fut, disait avec son patron litanies et rosaire, et savait à ce métier gagner le ciel et de l'avancement. L'Église lui venait en aide, et aussi le ministre de la guerre. Est-ce donc sa faute si Latil ou Tarin ne dressent plus les états de service? Non moins zélé pour ceux qui tiennent aujourd'hui les faveurs en main, il entend bien encore leur donner des preuves de dévouement, et moissonner dans le champ des doctrinaires de nouveaux grades et de nouveaux honneurs. Son secret est tout simple: comme il répondait *ora pro nobis*, il dit maintenant *amen*, ce qui n'est pas un moins bon refrain pour faire fortune.

Toutefois le moment ne me semble pas encore venu d'ôter d'une bonne recette les pratiques de dévotion. Observez nos plus expérimentés généraux, esprits forts de la charbonnerie, pendant quinze ans philosophes sans le savoir; on dirait qu'ils n'attendaient qu'un changement de dynastie pour aller à la messe et grimacer aussi la sainteté. C'est à en empêcher de dormir les convertis de la branche aînée, qui pourtant ne laissaient guère échapper l'occasion d'un grand signe de croix ou d'une humble génuflexion. La bonne tactique veut que l'on assiste encore à la messe du prince, et que l'on se donne en sa présence le triple *mea culpa*. Commandans ou gouverneurs vont même jusque dans Alger faire des actes de foi, et, pour parler aux Arabes la langue des croyans, ils se mettent d'abord à apprendre le *Pater* et le *Credo*. Leurs proclamations annoncent que *Dieu nous jugera au dernier jour. Il récompense les bons et punit les méchans*, disent-ils, *et à la fin des siècles il ressuscitera les morts*. C'est pour nos généraux, on en conviendra, réciter un peu tard le catéchisme.

Persuadons-nous bien, du reste, que la politique aujourd'hui consiste à se jouer du pouvoir comme des croyances, sans autre règle que le temps et les évènemens. L'homme d'État vit essentiellement d'égoïsme, et ne semble être au

monde que pour tourner à son avantage les circonstances. Sa recette, dans ses dernières limites, peut aller jusqu'à lui prescrire de désavouer le bien même qu'il aura fait, pour se targuer ensuite du mal qu'il n'a point commis. C'est de l'habileté que de savoir se calomnier soi-même et rougir d'une vertu qui n'est plus de saison. Quelquefois la politique exige de l'homme d'État un si beau sacrifice! Nous nous rappelons encore M. Girod de l'Ain parlant, du haut de la tribune, de sa longue expérience, et laissant tomber avec émotion ces tristes paroles : « J'ai jugé, acquitté, con-
« damné, et je puis hautement attester
« que dans aucun cas la peine de mort
« n'est nécessaire. » Quelle humilité! quelle abnégation de soi-même! quel

terrible aveu pour un magisrrat qui pendant vingt-cinq ans a envoyé des hommes à l'échafaud!

Un grain de sable gêne dans la chaussure, et peut retarder votre marche; ainsi l'homme d'État rencontre sur sa route une foule de petits embarras que l'expérience seule lui apprend à écarter. Ses recettes, par exemple, ne le laisseront point à la merci de quelque ancien protecteur, d'un camarade de collége persévérant dans son amitié, d'un honnête citoyen dont l'indiscrétion va jusqu'à s'intéresser aux affaires publiques. Toutes ces occasions de manifester de la reconnaissance ou du patriotisme sont de véritables piéges, et doivent être soigneusement évitées : mieux vaudrait feindre, au besoin, d'avoir l'oreille dure. Je connais un fin politique qui ne manque jamais en pareille circonstance de faire précéder sa réponse d'une petite toux, quelquefois même d'une assez forte quinte; moyen excellent pour se donner le temps de réfléchir.

Voulez-vous un autre stratagème? *Maurice*, au comble de ses vœux, vient d'être nommé ministre, il en a la lettre close, son nom demain sera dans *le Moniteur*. Cependant une pensée le trouble, un premier souci s'attache à sa grandeur. Comment se délivrera-t-il de la vieille amitié de *Mécenas?* Le moyen d'échapper aux devoirs de la reconnaissance envers un homme dont la maison fut si long-temps la sienne? *Maurice*, qui sait les embarras de fortune de son ami, court sur-le-champ lui demander quelque somme assez grosse; il presse, conjure, tourmente, et, bref, dans le refus qu'il cherchait, trouve une occasion de rompre. Le lendemain, en ouvrant son journal, *Mécenas* ne peut s'empêcher d'admirer la recette du nouveau ministre.

Cependant un politique habile, qui sait ce que valent les plus petites choses, ne négligera point de recourir aux titres mêmes et aux particules; il les emploiera, ne fût-ce que comme des mouches ou du rouge que l'on met au génie. Sa prévoyance ira plus loin, et, pour peu que son nom sonne mal à l'oreille, sans doute il le voudra rendre plus harmonieux, s'il n'en change tout-à-fait. Descendez-vous de Guillot ou de Pasquin? faites-vous appeler *Emilius* et *Valère*; vous nommez-vous Pierre Gentil? vous en ferez avec une légère transposition, *Gentïl de Saint-Pierre*. Une lettre de plus ou de moins dans votre nom peut vous mettre en faveur, et faire de vous un personnage; il ne s'agit que de la bien placer. Et cette lettre, d'ailleurs, ne suffit-elle pas pour vous séparer d'une famille déshonorée, et quelquefois aussi de votre propre passé plus odieux encore? On peuplerait une belle colonie, ma foi, de tous ceux qui, mutilant ou corrigeant leurs noms, se sont tout à coup faits gens honorables, hommes de qualité ou grands seigneurs. Leur liste, chaque jour plus longue, ne tiendra bientôt plus dans le grand almanach des faussaires politiques.

En politique, comme en littérature, l'honnête et le vrai n'étant plus qu'un obstacle au succès, il faudra bien que l'on fasse provision de cyniques et monstrueuses doctrines. Tandis que l'écrivain fronde par calcul les règles du bon goût, tandis que le philosophe outrage à plaisir la morale et la raison, l'homme d'État ignorerait-il seul le prix d'une réputation infame? Sans la folie, le parjure ou la trahison, le génie manque aujourd'hui d'assaisonnement et passe inaperçu. Mettre de l'eau de Cologne dans son mouchoir, c'est chose commune et vulgaire ; mâchez de l'ail, mâchez du tabac, empoisonnez un salon, si vous voulez vous faire remarquer.

Narcisse, que la fortune traite en enfant gâté, m'aborde un jour aux Tuileries, et semble attendre de ma bouche quelque mot flatteur, si ce n'est l'éloge même de son ministère. Mais louer est pour moi chose difficile, et je m'en tire mal ; heureusement mon ministre avait la bonne recette ! Vous seul, lui dis-je, pouviez remplacer M. de Talleyrand, et il sourit ; déjà, si je ne me trompe, vous l'égalez, et il me serre la main; vous le surpasserez peut-être! et il se jette dans mes bras. Ainsi doit être fait actuellement l'esprit d'un homme d'État.

Que faut-il de plus pour vous éclairer sur vos véritables intérêts, et vous apprendre à quel prix l'on achète le pouvoir et les grandeurs? Souvenez-vous que toute pensée généreuse est un crime, et que l'ombre même d'une vertu vous ferait perdre à l'instant votre caractère politique. Le progrès s'annonce par le plaisir que l'on éprouve à tromper, par l'indifférence ou par le mépris des plus sublimes devoirs. Vous vous moquerez intérieurement de ceux qui veulent le bonheur du peuple et de ceux qui rendent un culte à la patrie; vous les tiendrez pour insensés, pour fanatiques; vous ne leur donnerez que des noms odieux et ridicules. Fixez bien dans votre mémoire toutes les leçons de corruption, tous les grands exemples de parjure et de lâcheté dont nous avons été témoins; habituez-vous de bonne heure à les imiter, faites comme vos maîtres, comme nos sauveurs, qui ne reculent jamais devant une NÉCESSITÉ SOCIALE. La bonne politique est celle qui fait dresser les cheveux à la tête : un doctrinaire se frotte les mains où l'homme de bien jette un cri d'horreur.

LIVRE SIXIÈME.

LIVRE VI.

DE LA SANTÉ DU CORPS SOCIAL EN FRANCE, ET DE LA NÉCESSITÉ D'AVISER A D'AUTRES RECETTES.

CHAPITRE PREMIER.

Idée générale de notre situation.

Faut-il encore une fois le redire? Ce que vous appelez aujourd'hui progrès, je l'appelle déclin; ce que vous appelez améliorations et perfectionnement, je l'appelle honte et décadence. Mon dictionnaire, à moi, n'est pas, Dieu merci, gâté par ces vieux escamoteurs de pouvoir qui trouvent toujours, à l'aide des mêmes termes et des mêmes phrases, le moyen d'exploiter ou les passions de la place publique ou les tréteaux de la *gouvernementabilité*. Nous leur demandons ce qu'ils ont fait pour le peuple, depuis un demi-siècle qu'on lui promet justice et liberté, depuis un demi-siècle qu'il souffre, gémit et trouble inutilement l'Europe? S'ils votaient par acclamation, sous Bonaparte, l'impôt du sang; s'ils rendaient la paix même, sous les Bourbons, plus onéreuse que la guerre, juillet du moins n'avait pas encore lâché la bride à toutes leurs infamies! Voilà comme on doit traiter un peuple qui se paie de belles paroles et de stupides éloges, un peuple pour lequel chaque révolution n'est plus qu'une espèce de saignée politique, que renouvellent périodiquement à leur profit les intrigans et les valets du despotisme.

Et cependant, ô ma patrie, loin de former contre toi d'injustes plaintes, je ne veux au contraire rappeler tant de douleurs et de misères que pour expliquer la cause même de ton abaissement. N'est-ce donc pas la main parricide des factions qui creusa l'abîme où tu penches ? Ne sont-ce pas leurs haines furieuses qui t'ont privée de toute une génération morte sur les échafauds ou dans les horreurs de la guerre civile ? Triste et cruel tribut que l'on croyait payer à la liberté, et qui ne devait servir qu'à rendre nos assemblées nationales veuves de leurs plus grands hommes ! Ainsi l'esprit public a tout à coup perdu ses guides et ses meilleurs conseillers; ainsi chaque opinion a vu se former autour d'elle un vide affreux, et tomber tout ce qui avait foi, conscience et dévouement! Bientôt, hélas! il n'est plus resté debout que des mercenaires avides et une orgueilleuse milice, emportée à son tour dans l'effroyable tempête où disparut l'empire.

Après cette Saint-Barthélemi des plus nobles caractères, après que l'on a eu, pour ainsi dire, coupé la tête d'un peuple et sauté tout un âge, serait-il juste de s'en prendre à la France de l'horrible mutilation que nous avons exercée sur nous-mêmes? Non sans doute; la patrie ne saurait être aujourd'hui plus responsable de la perversité de nos mœurs et de nos doctrines, que de l'altération même de notre constitution physique. On lui a enlevé sa plus belle et sa plus florissante jeunesse, on ne lui a laissé pour porter graine que des soldats infirmes ou des rebuts de conscription, et l'on s'étonnerait qu'elle produisît des hommes de tout point si inférieurs à la race ancienne! Ce n'est probablement pas sa faute si nous naissons maintenant petits et rachitiques, faibles de corps et plus faibles encore d'esprit; si nous sommes en proie à la folie ou à la gastrite, et toujours sur la route de quelque hôpital; si nous prenons pour du sublime l'extravagance, et la brutalité pour du caractère; si le désordre enfin est dans toutes les doctrines et le suicide au bout de tous les ennuis.

CHAPITRE II.

De la philosophie en France.

S'il faut juger d'un peuple par ses progrès dans la philosophie, par les sectes ou les systèmes qu'elle produit, c'est vraiment un spectacle digne de pitié de voir en quel état se trouve dans nos écoles cette science divine. Il semble, en effet, que ce qui d'ordinaire assure la vie des empires et leur garantit une sage politique, ne doive maintenant servir qu'à multiplier parmi nous les germes du vice et de l'erreur. Notre esprit ne saura bientôt plus de quoi s'aviser pour mettre sur ce siècle le cachet de la sottise et de la folie. On court après le ridicule comme après les mauvaises doctrines, on se fait une religion de blesser la bienséance comme la bonne foi, et, ce qui ne pouvait manquer d'arriver, on ne tient non plus aux règles de la pudeur qu'à celles du bon goût et de la politesse. Verrions-nous, sans cette déplorable manie de tous les déréglemens, une jeunesse sale, barbue, échevelée, guenilleuse, attacher à sa cynique grossièreté des idées de progrès et de philosophie? Rencontrerait-on en son chemin les grotesques confréries de Saint-Simon ou du Phalanstère, tous ces apôtres d'estaminet, tous ces sophistes moyen-âge qui se *posent* comme les modèles de la jeune France, lorsque toutefois ils ne cherchent pas dans un extérieur bizarre le moyen de faire fortune? Car, tel est l'excès de notre misère, que la honte même peut devenir une spéculation, et l'insensé n'être pas toujours de bonne foi dans sa folie!

Mais le mal vient de plus haut, et je veux, oubliant un moment le fanatique troupeau des dupes, arriver droit à ces graves et illustres docteurs, brevetés, payés, rémunérés pour former le goût et perfectionner la raison. C'est de leur public enseignement que se répandent toutes les sources de l'erreur; c'est de leur doctrine sans frein que coulent à plein bord le sophisme et l'esprit de vertige; et lorsque je vous aurai montré la corruption sur son trône, en robe et en hermine, vous excuserez plus volontiers cette malheureuse jeunesse, instruite à tous les désordres et nourrie de tous les poisons. Appelez tant qu'il vous plaira chaires et écoles les lieux où professent vos philosophes ! Pour moi, je ne puis assister à leurs cours et les entendre débiter leurs impertinentes maximes, que je ne me croie d'abord à Charenton ou dans quelque salle d'hôpital.

CABANON N° 1.

A tout seigneur tout honneur ! ce qui veut dire que nous allons commencer par M. Cousin, pair de France et conseiller d'État, membre de l'Académie Française et de l'Académie des Sciences morales et politiques; homme des admirables contradictions; grand à la fois par son obscure profondeur et ses mobiles croyances, patriote-cosmopolite, chrétien-panthéiste, philantrope-égoïste, démagogue-aristocrate; enseignant une certitude qui ne vient ni de Dieu ni de l'observation, prêchant une morale qui n'a pour but ni la paix du monde ni l'amélioration de la condition humaine. Comme autrefois les philosophes de la Grèce visitaient l'Inde et l'Egypte, le noble professeur a fait aussi de fréquens voyages en Allemagne, la nouvelle terre classique du génie; et l'on assure, tant est grande la facilité de son esprit, que notre diplomatie secrète n'y a guère moins gagné que la science même ou la littérature. Mais ce qu'en a surtout rapporté de plus remarquable M. Cousin, c'est le dogme de la raison individuelle mise à la place de la raison publique, c'est le dogme de l'*assimilation étrangère* mise à la place du caractère national, et enfin le dogme de l'invasion substituée à notre indépendance sociale et politique.

Et, pour qu'on ne nous accuse point de négliger une seule des parties de cet homme universel, nous donnerons ici sa suprême recette, sa formule *a priori*, qui prévoit tout, explique tout, répond à tout : savoir, LE MOI, LE NON-MOI, LE RAPPORT. Que si vous n'aviez pas compris d'abord toute la puissance du MOI de M. Cousin, vous allez l'entendre maintenant prononcer, du fond de son cabanon, cet autre oracle : LE MOI EST L'APPARITION DE L'ESPRIT A LUI-MÊME, PAR SON ACTIVITÉ REDOUBLÉE EN ELLE-MÊME ET RETOURNANT A ELLE-MÊME, C'EST-A-DIRE DANS LA CONSCIENCE. Puis, après un moment de repos, il ajoute : DANS TOUT ET PARTOUT, DIEU REVIENT EN QUELQUE SORTE A LUI-MÊME DANS LA CONSCIENCE DE L'HOMME DONT IL CONSTITUE INDIRECTEMENT LE MÉCANISME ET LA TRIPLICITÉ PHÉNOMÉNALE PAR LE REFLET DE SON PROPRE MOUVEMENT DONT ELLE EST L'IDENTITÉ ABSOLUE.

Tel est le langage philosophique de ce siècle! tels sont le bon sens, le patriotisme, l'esprit de sagesse, qui éclairent nos académiciens et président à l'étude des hautes sciences !

CABANON N° 2.

N'était-ce pas évidemment à celui qui continue en Germanie les doctes et politiques voyages de M. Cousin, qu'il appartenait de se faire aussi le continuateur de sa philosophie transcendantale? Qui donc saura mieux que M. Lerminier entretenir le sentiment de la personnalité, préparer les voies du cosmopolitisme, et nous affranchir au besoin de l'étroit et prosaïque amour de la patrie ? Si l'idée fixe des cabanons est de dessécher le cœur de l'homme, de flétrir son ame et sa conscience, personne, il faut l'avouer, ne vit plus sous l'empire de cette orthodoxie nouvelle que le romantique professeur du Collége de France. Il y consacre toutes ses veilles, tout son apostolat ; et ses dévots ne se plaignent que de le voir étouffer, sous le poids de ses propres discours, le précieux germe de leur foi naissante. Quelque peu moins clair, s'il est possible, que M. Cousin, et plus verbeux encore, M. Lerminier n'épaissit pas seulement les ténèbres du maître, il amplifie sa diffusion même.

Voilà l'inévitable progrès que nous devions subir, le seul progrès à espérer de l'école *noocratique*, *individualiste*, *doc-*

trinaire, éclectique, que d'aucuns, selon une expression à la mode, ont aussi appelée *excentrique*. Ouvrez lès écrits de ces rares philosophes, essayez de parcourir leurs livres et leurs traités, et si, comme le dit Buffon, le style est l'homme même, vous penserez qu'une bonne et franche consultation de médecins doit promptement venir au secours de ceux qui ont le malheur d'écrire les phrases suivantes :

« Le nouvel ordre social sera le fruit « d'une philosophie qui, sortie de notre « sein, *française et universelle*, conduira « le monde à l'unité de croyance et « d'association. La NOOCRATIE, le gou- « vernement de l'intelligence pure, « agrandissant les idées et favorisant

« le changement, continuera l'épopée
« de l'humanité.

« Trois principes, la science, le droit, « le bon sens, demanderont à passer, « comme devoirs religieux, dans la re- « ligion de l'humanité. La religion iden- « tifiée avec la science est le commen- « cement historique des quatre faces « de la sociabilité; la science, d'accord « avec la religion, en est le dénouement « nécessaire.

« Les actions de l'humanité compo- « sent l'histoire humaine, et cette his- « toire a deux faces, la religion et le « droit. Le droit exprime la liberté hu- « maine dans son individualité et dans « son exaltation. Le droit dans son iso- « lement, c'est la force orgueilleuse, « c'est Ajax; dans ses rapports avec la

« religion, c'est l'accord de la grâce et « de la liberté, de l'indépendance et de « la nécessité.

« La nature! Je ne parle pas d'une « petite nature, d'une nature de jar- « dinet, mais de cette grande nature, « développement magnifique de la force, « qui en Afrique déploie le soleil comme « une toile blanche sur la tête des « hommes, ou semble vouloir se con- « struire des palais en Norvége avec « des glaces immortelles; la nature est « une œuvre d'art échappée de la main « de Dieu. Ainsi comprise, elle excite « l'homme à l'action, et provoque l'hu- « manité à la grandeur. »

Quel style! quels enseignemens! et quelle honte pour une nation à qui l'on ose effrontément donner pour de la philosophie cet emphatique galimatias!

CABANON N° 5.

Encore un philosophe! et un philosophe qui ne laisse pas, assure-t-on, d'être de bonne foi dans son remaniement de l'ordre social, dans sa fameuse découverte du nouveau monde industriel et sociétaire. Non-seulement son école le tient pour sincère, mais elle le croit en parfaite raison, ce que je me hâte de vous dire avant qu'il ne nous ait parlé lui-même.

Commencez par retenir sa grande et sublime recette : ATTACHER A LA PRATI-

QUE DE LA VERTU QUADRUPLE PLAISIR DES SENS ET DE L'AME, AU LIEU DE QUADRUPLE DISGRACE QU'ON EN RECUEILLE SI ON SE CONFIE AUX DOGMES DE LA MORALE.

Or tout ce qui va suivre répond admirablement à la profondeur du début.

« C'est par emploi de la passion la plus « proscrite des philosophes, de la PAPILLONNE, que nous allons recoudre, « dit-il, tous les problèmes sur lesquels « ils ont échoué. Il faut être, comme les « moralistes, ennemi de la nature et de « l'évidence, pour nier le besoin de variété. — Les caractères fortement dominés de la passion dite PAPILLONNE « ont besoin d'avoir à la fois 2 ou « 3 intrigues, soit en ambition, soit « en amour, lire 2 ou 3 ouvrages « cumulativement. La CABALISTE ou

« fougue réfléchie, la COMPOSITE ou fou-
« gue aveugle, pousseraient aux excès,
« même en vertu, sans l'intervention pé-
« riodique de la PAPILLONNE, ou manie
« de voltiger d'un plaisir à l'autre.

« Les *Solitones*, continue-t-il, ont une
« passion dominante à laquelle ils rap-
« portent tout. — Voltaire, Leibnitz,
« Fox, sont des *Pentatones*. César est
« d'un degré plus élevé encore, c'est un
« *Heptatone* à 7 dominantes; Bona-
« parte et Frédéric sont deux *Hexatones*
« à 6 dominantes.

« Sénèque et Burrhus n'ont pas
« changé, mais faussé le caractère de
« Néron, *Tétratone* à 4 dominantes bien
« distinctes, *cabaliste*, *composite*, *am-
« bition*, *amour*. Henri IV était comme
« Néron un *Tétratone*, mais qui n'avait

« pas été faussé par une éducation mo-
« rale.

« Les caractères tournent au mal en « civilisation, dès qu'ils ont en domi- « nante un nombre de passions *méca-* « *nisantes* supérieur aux *affectives*. Une « femme *tritone à dominantes* d'amour, « de *cabaliste* et de *papillonne*, sera « communément très vicieuse. »

Est-il nécessaire de vous dire que la GAMME MUSICALE DES CARACTÈRES en UT et en SOL n'a pas fait moins de disciples à M. Fourrier, que le MOI et le NON-MOI à M. Cousin, que l'ÉPOPÉE DE L'HUMANITÉ à M. Lherminier? Tandis que la jeunesse commente les discours du réformateur en si bémol, de graves citoyens remplissent son cabanon, des magistrats mêmes et des députés dotent de leur fortune LA PHALANGE EN GRANDE ÉCHELLE! On admire les doctrines de l'*attraction passionnelle*, on tombe aux pieds de la *papillonne*, puis on se met à nous faire des lois et de la politique.

CABANON N° 4.

De l'école qui abjure les sentimens généreux, de l'école funeste qui se joue des lois et des mœurs, il n'y a qu'un pas aux tréteaux académiques où l'on insulte ces dogmes sacrés sur lesquels repose l'ordre social. Ils sont tous de la même famille ceux-là qui, pour la plus grande gloire de l'humanité, foulent aux pieds la raison, prêchent la folie, ou nous veulent déshériter de notre ame immortelle. C'est en voyant jusqu'où peut aller dans sa démence une brutale impiété, que l'homme de bien s'afflige et doit surtout s'indigner ! Il ose à peine se souvenir de ce qu'il a entendu, il se reproche de mettre dans sa mémoire des discours dont chaque mot est un crime. Et que l'on se garde bien de nous taxer d'une vaine susceptibilité, qu'on ne nous accuse point d'exagérer le cri de la conscience ! Les faits malheureusement parlent encore plus haut que notre indignation. C'est maintenant un diplôme à la main qu'on attaque le sentiment religieux, qu'on blesse et flétrit toutes les croyances ; d'obscurs cathédrans, des professeurs à gages, montent en chaire pour braver la justice divine, sans laquelle il n'est point de justice humaine. Pour connaître l'état misérable de leur esprit, arrêtez-vous encore devant le cabanon de ce philosophe, et prenez au hasard les premières paroles qui sortiront de sa bouche ; sa verve d'imposteur ne le quitte jamais !

« A entendre, dit-il, le jargon des
« sectes qui nous sont opposées, on peut
« aller au ciel, en enfer ! ! !... Nous som-
« mes une production de la croûte du
« globe, et nous ne pouvons pas en
« sortir. Le grand moyen dont on se
« sert est la terreur pour une autre vie;
« on fait intervenir un Dieu vengeur,
« punissant, rotissant, etc., etc.

« Mais, me dira-t-on, votre conscience

« est donc votre évangile? Non, ma « conscience c'est mon cerveau, etc., « etc. »

Qui, du reste, n'a pas assisté aux brutales et cyniques leçons du docteur Broussais ne peut savoir de quels transports de haine est capable la tolérance philosophique. Cet homme vomit l'injure et le blasphème, et craint encore de ne se servir pas d'expressions assez fortes pour insulter notre foi. Il en veut à Dieu, il en veut à l'ame, aux lois, à la morale, à tout ce qui porte un caractère de sainteté; il tempête, il écume, il rugit, il touche au terme fatal où l'insensé déchire ses vêtemens et s'ébat dans son ordure.

CONCLUSION DE CE CHAPITRE.

Et nous mettrions en doute le triste avenir d'un peuple où la folie tient publiquement école! et nous nous étonnerions que ce qui donne de l'autorité parmi les hommes, la raison, les talens, la vertu, soient aujourd'hui sans crédit et sans influence! Ah! demandons plutôt quelle nation résisterait à de pareils enseignemens, quel État n'y trouverait la honte et la mort! N'est-ce pas au nom de la philosophie que l'on a répandu le mensonge et l'imposture? N'est-ce pas au nom du progrès que l'on a fait la science sceptique et railleuse? Et chacun de nous ne croit-il pas avoir le droit de tout refaire et de tout contredire, de défigurer même à son profit le bon sens et la vérité? Au train que vont les choses, il ne restera bientôt ni une renommée intacte, ni une statue sur son piédestal; déjà toutes les questions tournent au sacrilége et à la profanation, déjà nos lumières ne sont plus que l'art odieux de calomnier le passé. Que Rome se tienne pour avertie que l'on fait aujourd'hui peu de cas de son antique vertu! Que la grande ombre de Léonidas ne compte plus désormais sur notre admiration! Guerriers, hommes d'État ou philosophes, tous sont enveloppés dans une commune disgrâce; et si même on parle encore de Socrate, ce n'est que pour louer Anytus et Melitus, ses accusateurs. Non-seulement l'école *gouvernementale* range ce philosophe parmi les factieux, mais nos plus fermes appuis du progrès le représentent comme un *esprit malade*, dont les *hallucinations* ne pouvaient tromper que des hommes plongés dans l'ignorance. Ils vont plus loin, ils affirment que « si Socrate avait vécu de nos « jours, il n'aurait pu échapper à l'arrêt « que la médecine aurait prononcé sur « son compte. »

Le nom du Christ n'a pas été plus respecté! De nouveaux Pharisiens lui prodiguent, sous le manteau de la philosophie, le mépris et l'insulte. Hier encore un apprenti des cabanons renvoyait au gibet celui que nous adorons sur la croix; il ajoutait que le christianisme est la religion des lâches, et ces paroles infames il les proférait au milieu d'une assemblée nombreuse!

Mais, à laisser même de côté ce déchaînement du vice furieux, combien d'honnêtes gens ne vous ont-ils pas forcé de plaindre l'instabilité de leurs principes et le désordre de leurs croyances? Avec quelle douleur n'avez-vous pas remarqué la dépravation de leur jugement? Tout se mêle et demeure confondu dans leur esprit, le lucre et la foi, la religion et l'industrie; ils n'ont qu'une mesure pour le sacré et le profane, qu'une règle pour les intérêts du ciel ou ceux de la terre. Ils prétendront, en termes de négoce et de trafic, « que toute religion exclusive est un monopole; » ils diront avec un avocat plaidant pour l'Église française : « La concurrence améliore « les religions comme toutes choses « d'institution et de pratique hu- « maine. » Ainsi parlait M. Janvier lui-même, lorsque, réclamant des allocations nouvelles pour les Facultés de théologie catholique et protestante, ce député, dont on conserve encore les professions de foi légitimistes, s'écriait du haut de la tribune : « Il est désirable qu'elles riva- « lisent de foi et de conscience, et fas- « sent du prosélytisme par la seule voie « légitime, par la voie de la concur- « rence. »

Maintenant nous savons d'où partent ces expressions nouvelles, ces tours et ces hardiesses du style doctrinaire; on peut facilement reconnaître au ramage philosophique des écoliers les impertinentes leçons de leurs maîtres. Quels fruits, grand Dieu! quelles conceptions! quels progrès! et quelle dignité surtout!

CHAPITRE III.

De la disposition des esprits par rapport à la justice.

Il était impossible que la chute de ces belles croyances qui servent partout de sanction à la morale, en amoncelant des ruines et des misères nouvelles, n'éteignît pas dans nos cœurs jusqu'au dernier sentiment de la justice. Toutes ces fausses explications que l'on a données sur la nature de l'homme, toutes ces funestes et absurdes doctrines selon lesquelles il n'existe ni foi, ni ame, ni Dieu, ni libre-arbitre, ont jeté si avant le désordre dans les esprits, que, de peur de nous tromper, nous avons pris le vice sous notre protéction et fait pacte avec le crime. Nous nous mettons au-dessus des lois par amour de la justice, nous mentons à notre conscience par humanité; nous ruinons par philanthropie les bases mêmes de l'ordre social. Il n'y a plus, en effet, ni règle ni frein, du moment où chaque citoyen peut interpréter la loi et prendre pour mesure des peines le degré de sa propre sensibilité. Ne craignons pas d'ouvrir notre ame tout entière. L'invention des *circonstances atténuantes* causera peut-être plus de mal à l'État que ne l'aurait pu faire une loi draconienne, non-seulement par l'espoir corrupteur dont on nourrit les criminels, mais encore par ces habitudes de mensonge qui s'introduisent au cœur de la justice. Il se trouve toujours quelque prétexte pour trahir la vérité, quelque bonne raison pour manquer à ses sermens; et le parricide lui-même ne craint plus l'échafaud, depuis que l'on a découvert et perfectionné le secret des circonstances atténuantes. C'est pour tous les monstres un abri contre la société, c'est un véritable droit d'asile. Un vil assassin tue sa maîtresse, mais cet assassin est un prêtre; circonstance atténuante! il l'égorge dans son presbytère; circonstance atténuante! il la dépèce et la met en lambeaux; circonstance atténuante! Un autre scélérat ne se borne pas à empoisonner sa femme, il empoisonne du même coup son fils;

circonstance atténuante! il empoisonne une partie de sa famille, il empoisonne jusqu'aux voisins; circonstances atténuantes! circonstances atténuantes!

Comme l'erreur et la folie ont aussi leur logique naturelle, il s'ensuit que, de progrès en progrês, on ne pouvait manquer de conclure à l'impunité même du crime. Le matérialisme, qui pénétre insensiblement dans nos institutions, qui lève déjà tant de difficultés en morale et en religion, devait rendre surtout plus simples et plus faciles les devoirs de la justice. On s'en prend à la forme du cerveau, aux influences de l'organisation, et l'on excuse celui dont la volonté ne saurait être libre : Que voulez-vous de plus *rationnel*?

CHAPITRE IV.

Du jugement qu'il faut porter de nos contradictions et de nos inconséquences.

Rien ne peint mieux le triste état en France du caractère national, que le chaos de nos sentimens et les contradictions absurdes de nos doctrines. Étrange siècle, qui ne parle que de lumières, qui ne rêve que progrès et grandeur, et prend tout juste ce temps de généreux transports pour nier l'immortalité de l'ame et les hauts enseignemens qui s'y rapportent ! Ce siècle, pour ennoblir l'homme, le fait humble esclave des sens et le livre sans contre-poids à la violence de ses passions ; il le met tout entier dans ses organes, confond notre volonté avec les impulsions de l'instinct, et la raison, qui nous distingue, avec les actions mécaniques des bêtes ! Que de modestie, et quelle incroyable humilité dans ces mêmes réformateurs qui, sur le chapitre de leur considération individuelle, se laissent si facilement aller à toutes les extravagances de l'orgueil ! Mais c'est qu'ils ne sont touchés que d'une ambition, de s'affranchir du devoir, de détruire tous les liens de la société, même la vertu, même la morale, même l'idée d'un Dieu.

Et, cependant, vous admirerez comment, au milieu de tant d'audace, peuvent encore se perpétuer parmi nous les serviles infatuations et le stupide aveuglement de la foi politique! On ne croit plus en Dieu, il est vrai, mais on croit au gouvernement constitutionnel, aux miracles de la civilisation française, à des progrès et à une perfectibilité des *Mille et une Nuits*; on ne croit plus en Dieu, mais on croit au patriotisme de quiconque parle haut et met son chapeau de travers; on croit aux vertus civiques de Benjamin Constant et de Perrier, à la conscience de M. Guizot, à l'honneur de M. l'abbé de La Mennais.

Faut-il ajouter que ce siècle de progrès, comme pour se donner un public démenti, ne recherche en toutes choses que l'enfance de l'art, n'admire ou ne prend pour modèles que les informes et grossières ébauches de la barbarie? Corroborer notre mauvaise foi par notre mauvais goût, joindre à une politique honteuse la dépravation des arts et des lettres, voilà désormais le point capital de toute bonne recette de perfectionnement.

CHAPITRE V.

La politique et les politiques.

Il en coûte de le dire, mais on a perdu le secret qui faisait en même temps d'un politique habile un homme de bien, le secret qui donnait pour bases au crédit l'honneur et la vertu : belle recette! qui n'avait jamais laissé la nation manquer de gens de mérite et de conscience. Parmi les hommes d'État de ce siècle, montrez-moi donc celui qui ne s'est pas lâchement paré du collier de tous les pouvoirs, celui qui n'a pas établi sa fortune sur toutes les misères de la patrie? C'est pour eux surtout que les habiles sont habiles; ne craignez point qu'ils se brouillent, ils sentent trop bien qu'il faut entre complices éviter le scandale. Nous sommes des traîtres et des parjures, disent-ils; nous avons pillé, volé, déshonoré la France; accordons-nous maintenant et faisons bon ménage. Voilà la recette indispensable de quiconque ambitionne les emplois et ne rougit point de se mêler des affaires publiques.

Eh bien! que la politique fasse, si l'on veut, concourir les hommes les plus vils au maintien du bon ordre, que la politique ne soit que l'art de mettre en œuvre le crime et la bassesse! J'y consens. Mais du moins n'oublions pas que c'est dans l'infamie que cette politique trouve son principal ressort, et qu'elle ne lutte contre le désordre que par des lâchetés avouées et des forfaits convenus.

En effet, tout doit aller du même pas dans un siècle de si monstrueuse impudence et de si sophistique immoralité, dans un siècle où partout la trahison le dispute à la trahison, sans qu'une seule vertu puisse se faire jour! Courage, peuple de Grecs, peuple plus bas que le Bas-Empire! Faites trophée de votre cynisme, marchez sous les bannières de la perversité; vous en êtes venu à vos temps héroïques de corruption! Il ne s'agit plus que de marquer ce débordement des mœurs, que d'en fixer dans la mémoire l'époque solennelle. Nous la trouvons à l'heure même où la philosophie nous couronne de toutes ses lumières, où M. de Talleyrand nous fait jouir de toutes les prospérités de sa politique, lorsque tout conspire, en un mot, pour donner à l'esprit humain un nouvel essor; M. Guizot ministre de l'instruction publique, le Père Enfantin chef suprême de la religion saint-simonienne, l'abbé Châtel grand pontife de l'Église française, Debureau premier paillasse des boulevards, etc., etc., etc.

CHAPITRE VI.

Notre confession.

Nous portons maintenant la peine de notre admiration insensée pour le grand homme qui, professant la rhétorique du sabre, a laissé après lui le fatal secret d'une puissance sans vertus et d'une politique sans magnanimité. C'est son école qui donne encore le ton en France et prétend former l'esprit public; son école, moins, il est vrai, la gloire et le génie du chef. De là sont venus tous les diplomates de caserne, tous les industriels de champs de bataille, bande vaniteuse et sanguinaire, hommes de rapine et de parjure, dont la fortune allait toujours croissant avec les malheurs de la patrie. Ils ont trahi la république qui leur avait confié sa terrible épée, Bonaparte qui leur avait fait un rang suprême, et Louis XVIII et Charles X qui pourtant appelaient si tendrement *mon cousin* ces ducs et ces princes sortis du bonnet rouge. A qui donc aussi n'eût point porté malheur une telle parenté?

La France ne sait malheureusement échapper ni aux prestiges de l'enthousiasme ni aux séductions d'un premier transport. Ses plus beaux desseins vont toujours se perdre dans de lâches déférences ou dans la stupide ovation de quelques intrigans privilégiés. On pourvoit à leur grandeur, on leur fait un rang à part, une vie de délices et d'enivrement; et puis ils nous donnent du fouet le jour où nous les mettons en possession des palais de la vieille monarchie. Ainsi tous nos changemens n'ont abouti qu'à rendre le pouvoir plus redoutable; ainsi la colère du peuple contre les rois et les grands ne devait servir qu'à multiplier leur race, en couvrant l'Europe des éclaboussures de nos grandeurs et de nos royautés révolutionnaires. Quel fruit, je le demande, retirons-nous de tant de sang versé, de tant de révolutions entreprises, de tant de guerres fameuses? Que nous reste-t-il aujourd'hui de tout ce bruit de batailles et de conquêtes? Des airs plus que jamais hors de saison, de la morgue, de l'impudence; quelques contrefaçons princières, quelques nouveaux sobriquets aristocratiques, et peut-être le vague souvenir d'une gloire qui se résout tout entière dans le nom de Bonaparte, dans sa redingote grise et son petit chapeau. Voilà maintenant les objets de notre culte, voilà nos reliques et nos images!

CHAPITRE VII.

Contre-recettes.

Si, comme la vertu, le patriotisme exige de continuels sacrifices, s'il respire l'abnégation et les dévouemens sublimes, on ne peut réellement dire que la prospérité générale se compose du bien-être individuel. Il n'y a qu'une politique absurde, qu'un lâche et vil égoïsme, qui osent donner pour but social l'intérêt et la recherche des jouissances *positives*.

Êtes-vous sincèrement patriote? Vous aimerez mieux votre patrie que tout au monde : vous vous ferez esclave pour qu'elle soit libre, vous consentirez à mourir pour qu'elle vive heureuse, vous vous résignerez à la misère pour qu'elle devienne riche et florissante. Ces sentimens, l'antiquité en a fait un devoir, et nos pères y attachaient leur honneur.

Cependant le progrès, qui s'est particulièrement chargé d'adoucir cette humeur sauvage, rend tous les jours, parmi nous, le patriotisme plus commode; il devient, comme le reste, *intelligent* et *rationnel*. C'est maintenant travailler au bonheur de la patrie que de commencer par se faire heureux soi-même; c'est servir la société tout entière que de lui donner l'occasion d'enrichir une *capacité* nouvelle. On souhaite à l'État de bons revenus, mais avec l'espoir de se les approprier; on désire la France calme et pacifique, mais pour lui mettre plus sûrement le pied sur la gorge.

Telle est l'ingénuité de notre avarice, que l'on fait maintenant un crime à l'homme de la modération même de ses désirs, et qu'on regarde en pitié ces *oisifs* qui ne veulent point apparemment se donner la peine d'augmenter leur revenu. Combien de temps faudra-t-il à la Chaussée-d'Antin pour se convaincre que le plus grand embarras de notre époque vient, au contraire, de cette multitude avide qui se jette avec fureur sur tous les moyens de faire fortune ? L'aristocratie de bourse ne saura-t-elle jamais que l'homme qui se contente de peu vaut beaucoup mieux que celui qui passe sa vie à amasser des richesses ?

C'est le comble de nos misères que l'honneur national soit confié à des gens qui ne se doutent même pas qu'il y ait un honneur. Comptez bien que l'on ne dément jamais son caractère politique, non plus que ses mauvais penchans ; une fois devenu l'esclave du pouvoir, on en traîne toute sa vie la honteuse chaîne. Vous prescririez à tous vos hommes d'État le pélerinage d'Amérique, vous les enverriez tous au Champ d'Asyle, qu'ils n'en rapporteraient ni un cœur plus ferme ni une ame plus libre.

Nous ne manquons point d'habileté, dites-vous? Nous avons un savoir-faire admirable, une politique profonde. Oui, si par là vous entendez l'esprit d'intrigue, la finesse du vice, et tout ce que peut imaginer la perversité pour maintenir des droits acquis par la fraude et la violence. Quant aux sentimens qui inspirent les nobles résolutions, quant à cette hautesagesse qui prévoit l'avenir et décide du succès, nous ne nous en faisons même pas d'idée.

Tout le monde convient qu'il y a peu d'hommes d'État à l'abri du reproche, peu de politiques qui ne soient de fort mauvais citoyens! Et cependant, quel exemple a-t-on fait jusqu'ici? Combien de ces hauts personnages ont-ils été privés des dignités ou des fonctions qu'ils avilissent? Je croirai à l'égalité devant la loi lorsqu'une moitié bien comptée de vos gens de salon sera sur la route de Clairvaux ou de Poissy, lorsque de grandes et illustres *capacités* auront passé par la main du bourreau. Que nos amis fassent parade de titres mensongers; qu'ils ornent d'une banqueroute ou d'un parjure leur écusson, qu'ils trahissent la France et achètent des palais, nous ne cessons pour cela de leur tirer notre chapeau : un homme du peuple blanchit un gros sou et on l'envoie aux galères!

Je ne demande qu'une seule chose pour opérer la réforme des mœurs. Je voudrais que, le pouvoir comprenant sa véritable mission, il devînt plus avantageux de jouer le rôle d'honnête homme que celui de méchant; tout juste le contraire de ce qui arrive.

A voir certains députés qui nous viennent des départemens, on dirait que les électeurs ne savent pas que la stupidité perd aussi bien un empire que la trahison. Si toutefois, dans vos colléges, il se présente quelque candidat dont les basses intrigues vous soient connues, gardez-vous de le servir de vos reproches, d'appuyer enfin sa candidature des marques de votre mépris; car la découverte même de ses artifices ne manquerait pas d'éveiller l'attention d'une foule d'electeurs, qui se diraient entre eux : « Nous le supposions bien un « homme de mérite, mais nous ne sa- « vions pas qu'il en eût tant! »

Dans quelque salon que ce soit, vous

ne sauriez guère éviter de marcher sur un traître, sur un parjure, un doctrinaire ou un espion, sans parler de mille autres gens de forfaits et de vieille iniquité. Ne nous étonnons donc point de la vive sympathie qu'on ressent aujourd'hui pour les plus grands scélérats, ni de l'espèce de protection que la société leur accorde contre elle-même. Cette sollicitude philanthropique, presque incroyable d'abord, n'est au fond que de l'égoïsme dans un pays où l'on arrive par nuances insensibles de l'homme puissant et titré à l'ignoble assassin de grand chemin.

Quoi qu'il en soit, nous préludons à l'abolition de la peine de mort, nous essayons chaque jour de l'effacer du code. Et, chose remarquable, nous prenons justement pour désarmer la justice le moment où une morale odieuse, la morale des intérêts, ne laisse plus en France ni règles ni principes ! Ne dirait-on pas, à voir la manière dont quelques jurés prétendent économiser l'échafaud, que nous vivions jusqu'ici dans la barbarie, que nos pères se faisaient un jeu des condamnations ? Cependant il y a quelque chose qui égale aux yeux de l'homme de bon sens la force et l'autorité même des faits, c'est une hypothèse dont les conséquences deviennent rigoureusement nécessaires à l'ordre et au maintien des sociétés ; ainsi de la peine de mort, ainsi du libre arbitre, ainsi de l'immortalité de l'ame, ainsi du dogme des peines et des récompenses, etc., etc.

J'admire vos progrès, vos lumières, votre perfectibilité! Le siècle est en marche, il ne s'arrêtera plus! Mais, dites-moi, ne pourriez-vous pas, au milieu de tout cet éclat de civilisation, trouver encore le moyen de garantir notre pauvre vie ; du moins jusqu'à ce que l'assassinat cesse parmi nous d'être *rationnel* et poétique?

Après avoir commencé par heurter de front les règles de l'art et du goût, après avoir hautement nié leur influence sur les productions de l'esprit, on s'est ensuite demandé ce que c'était que la religion, la morale, la justice. En effet, le lien politique ne se divise point, et l'on ne peut attaquer, même dans les arts, un principe d'ordre, que l'édifice social n'en soit d'abord ébranlé. La cause des lettres, la cause de la grammaire, si vous voulez, est aussi celle des lois et de la morale. Purger la France d'une littérature immonde et féroce, renvoyer à l'école le génie qui ne sait point sa langue, c'est en finir avec les Lacenaire et tous les faiseurs de drames à la cour d'assises.

Les mêmes erreurs qui hâtent la ruine d'un peuple, ne lui permettant pas de discerner les bonnes recettes des mauvaises, il arrive que ce peuple rencontre presque toujours la mort où de vils charlatans lui montraient une heureuse et brillante régénération. C'est ainsi que, dans notre enivrement des lumières, dans notre enthousiasme de la perfectibilité, nous oublions la source sainte d'où naissent et découlent tous les bienfaits de la civilisation moderne. Le moyen de croire à la bonne foi de ces réformateurs sacriléges, qui commencent par insulter une religion dont les premiers dogmes sont la liberté et la fraternité ?

Pour conduire la France à de véritables progrès, il faudrait changer de tout point la route que l'on suit; il faudrait s'éloigner de l'absurde, appeler à son secours le bon sens, et prendre la justice pour guide; car, on ne saurait trop le répéter, il n'y a poiut de progrès possibles sans conscience et sans morale. De combien de recettes essaierons-nous encore avant d'arriver à celle-là ?

Il y a quelque chose de pis que le gouvernement du sabre, que les bûchers de l'inquisition, que la terreur de 93 ou les massacres de la Saint-Barthélemy ; c'est le pouvoir mis aux mains des rhéteurs, c'est le petit esprit de collége appliqué à la politique.

A quoi bon la liberté de la presse, si l'on tient pour ennemi du gouvernement celui qui dit la vérité? N'aurait-on donné des ailes à la pensée que pour la tuer au vol? Voilà ce qu'il faut demander aux doctrinaires.

Ce n'est ni la moins absurde ni la moins dangereuse de nos sottises, que de ne vouloir plus compter en France que la jeunesse. Une nation ne se forme pas de ses jeunes hommes seulement; elle se compose de plusieurs générations à la fois, elle comprend la réunion de toutes les forces sociales. C'est le mélange naturel et nécessaire des différens âges de la vie humaine, mettant en commun la sagesse qui conseille et l'audace qui exécute, la maturité de l'esprit, la vigueur du corps, la prudence et le courage, qualités ou vertus sans lesquelles il ne saurait exister ni société ni peuple.

Toujours prêts à nous reposer du présent sur l'avenir, nous ne cessons de répéter qu'il faut attendre notre salut de la jeunesse qui s'élève tous les jours. Or, on le disait il y a dix ans, on le disait il y a vingt ans, et Dieu sait comme tout va mieux depuis que la génération doctrinaire est à l'œuvre! Eh! qui donc se chargera de former encore une France nouvelle, si ce n'est les mêmes artisans de notre honte, les mêmes professeurs d'égoïsme et d'imposture? Une espèce a-t-elle quelquefois engendré des individus d'une autre espèce ? Me montrerez-vous un agneau sorti des flancs de l'hyène ou de la panthère? Non, désormais il n'y a que l'adversité qui nous puisse instruire, et elle saura bien faire l'éducation de tous les âges et de tous les rangs.

FIN.

www.ingramcontent.com/pod-product-compliance
Ingram Content Group UK Ltd.
Pitfield, Milton Keynes, MK11 3LW, UK
UKHW051021210726
13857UKWH00007B/643

9 782012 996663